内 容 简 介

本书通过教育技术手段,充分发挥网络资源的优势,发展视频互动支持网络教师教育的创新模式——CRS模式。本书详细地阐述了CRS模式的发展背景、理论支持和实践案例等。在内容选取上,本着科学、有效的原则。

全书分为《网络课录案例支持教师教育应用基础》和《网络课录案例支持教师教育实践案例》两册,本册是《网络课录案例支持教师教育实践案例》,以案例介绍为主;另一册以理论基础指导为主。本册是关于网络课录案例支持教师教育的实践案例,介绍了CRS模式应用过程中的典型案例。案例按照教师教学十项基本技能进行分类,具体包括:导入技能、讲授技能、提问技能、板书技能、演示技能、反馈技能、强化技能、机智技能、组织技能、结束技能。书中结合点评案例对各项教学技能进行深入分析。

本书适用于接受网络教师教育培训的中小学教师、各级教研员及大学教师,也适合师范院校的师范生用于学习和科研。

网络课录案例支持教师教育实践案例

方海光　焦宝聪　陈　鹏　编著

图书在版编目(CIP)数据

网络课录案例支持教师教育实践案例/方海光,焦宝聪,陈鹏编著. —北京:北京大学出版社,2013.6
 ISBN 978-7-301-22464-9

Ⅰ. ①网… Ⅱ. ①方… ②焦… ③陈… Ⅲ. ①计算机—网络—应用—师资培养—案例 Ⅳ. ① G451.2-39

中国版本图书馆 CIP 数据核字(2013)第 087647 号

书　　　　名:	网络课录案例支持教师教育实践案例
著作责任者:	方海光　焦宝聪　陈　鹏　编著
责 任 编 辑:	曾琬婷
标 准 书 号:	ISBN 978-7-301-22464-9/G·3617
出 版 发 行:	北京大学出版社
地　　　　址:	北京市海淀区成府路 205 号　100871
网　　　　址:	http://www.pup.cn　新浪官方微博:@北京大学出版社
电 子 信 箱:	zpup@pup.cn
电　　　　话:	邮购部 62752015　发行部 62750672　理科编辑部 62767347　出版部 62754962
印 刷 者:	北京大学印刷厂
经 销 者:	新华书店
	787mm×980mm　16 开本　10.5 印张　216 千字
	2013 年 6 月第 1 版　2013 年 6 月第 1 次印刷
定　　　　价:	28.00 元

未经许可,不得以任何方式复制或抄袭本书之部分或全部内容。
版权所有,侵权必究
举报电话: 010-62752024　电子信箱: fd@pup.pku.edu.cn

前　言

教师专业发展过程中出现的最大的困难之一就是缺乏相关领域的专家引领。现存的面对面的专家指导模式，方便交流和教师成长，但是由于专家资源的不足，很难达到普及，更不能广泛、有效地促进教师教育发展。为了打破这一瓶颈，本书通过教育技术手段，充分发挥网络资源的优势，发展视频互动支持网络教师教育的创新模式——CRS模式。本书详细地阐述了CRS模式的发展背景、理论支持和实践案例等。在内容选取上，本着科学、有效的原则。

全书分为《网络课录案例支持教师教育应用基础》和《网络课录案例支持教师教育实践案例》两册，其中《网络课录案例支持教师教育应用基础》以理论基础指导为主，分三部分介绍网络课录案例支持教师教育的思想及其应用：第一部分是理论基础，第二部分详细介绍了CRS模式和网络资源建设及其平台应用，第三部分介绍了CRS模式应用的实践案例及其评价等内容；《网络课录案例支持教师教育实践案例》以案例介绍为主，是关于网络课录案例支持教师教育的实践案例，介绍了CRS模式应用过程中的典型案例。案例按照教师教学十项基本技能进行分类，具体包括：导入技能、讲授技能、提问技能、板书技能、演示技能、反馈技能、强化技能、机智技能、组织技能、结束技能。书中结合点评案例对各项教学技能进行深入分析。

本书是基于多年的国家教育科学研究和北京市教委教育研究课题而形成的成果，特别感谢首都师范大学教育技术系数字化学习实验室的于希瑶、陈佳、胡祎祎等同学的支持，也要感谢北京市顺义区教育研究考试中心的支持，更要感谢参与项目研究的各个基地校和各位一线教师的大力支持！

本书适用于接受网络教师教育培训的中小学教师、各级教研员及大学教师，也适合师范院校的师范生用于学习和科研。

作者

2012年8月

目　　录

第 1 章　绪论 ……………………………………………………………………… (1)
　　第一节　教学技能 ………………………………………………………………… (1)
　　　　1.1　教学技能的定义 …………………………………………………………… (1)
　　　　1.2　教学技能的分类 …………………………………………………………… (2)
　　第二节　课堂教学技能的定义 …………………………………………………… (3)
　　第三节　课堂教学技能的内容与结构 …………………………………………… (4)
　　　　3.1　课堂教学技能的内容 ……………………………………………………… (4)
　　　　3.2　课堂教学技能的结构 ……………………………………………………… (5)
　　第四节　CRS 模式概述 …………………………………………………………… (6)
　　　　4.1　CRS 模式的应用背景 ……………………………………………………… (6)
　　　　4.2　CRS 模式支持教师课堂教学技能培养 …………………………………… (7)

第 2 章　导入技能 ………………………………………………………………… (9)
　　第一节　技能概述 ………………………………………………………………… (9)
　　　　1.1　导入技能的概念 …………………………………………………………… (9)
　　　　1.2　导入技能的作用 …………………………………………………………… (9)
　　　　1.3　导入技能的结构 ………………………………………………………… (10)
　　　　1.4　导入技能的原则 ………………………………………………………… (11)
　　　　1.5　导入技能的类型 ………………………………………………………… (11)
　　第二节　案例展示 ………………………………………………………………… (13)
　　第三节　应用指导 ………………………………………………………………… (24)
　　　　3.1　导入技能的注意事项 …………………………………………………… (24)
　　　　3.2　导入技能评价量表 ……………………………………………………… (26)

第 3 章　讲授技能 ………………………………………………………………… (27)
　　第一节　技能概述 ………………………………………………………………… (27)
　　　　1.1　讲授技能的概念 ………………………………………………………… (27)
　　　　1.2　讲授技能的特点 ………………………………………………………… (27)
　　　　1.3　讲授技能的作用 ………………………………………………………… (29)
　　　　1.4　讲授技能的原则 ………………………………………………………… (29)
　　　　1.5　讲授技能的类型 ………………………………………………………… (30)

目录

  第二节 案例展示 ……………………………………………………………… (30)
  第三节 应用指导 ……………………………………………………………… (42)
    3.1 讲授技能的注意事项 ……………………………………………… (42)
    3.2 讲授技能评价量表 ………………………………………………… (43)

第 4 章 提问技能 ………………………………………………………………… (44)

  第一节 技能概述 ……………………………………………………………… (44)
    1.1 提问技能的概念 …………………………………………………… (44)
    1.2 提问技能的作用 …………………………………………………… (44)
    1.3 提问技能的结构 …………………………………………………… (45)
    1.4 提问技能的原则 …………………………………………………… (47)
    1.5 提问技能的类型 …………………………………………………… (48)
  第二节 案例展示 ……………………………………………………………… (50)
  第三节 应用指导 ……………………………………………………………… (56)
    3.1 提问技能的注意事项 ……………………………………………… (56)
    3.2 提问技能的误区 …………………………………………………… (57)
    3.3 提问技能评价量表 ………………………………………………… (58)

第 5 章 板书技能 ………………………………………………………………… (59)

  第一节 技能概述 ……………………………………………………………… (59)
    1.1 板书技能的概念 …………………………………………………… (59)
    1.2 板书技能的作用 …………………………………………………… (59)
    1.3 板书技能的原则 …………………………………………………… (60)
    1.4 板书技能的类型 …………………………………………………… (60)
  第二节 案例展示 ……………………………………………………………… (61)
  第三节 应用指导 ……………………………………………………………… (64)
    3.1 板书技能的注意事项 ……………………………………………… (64)
    3.2 板书技能评价量表 ………………………………………………… (64)

第 6 章 演示技能 ………………………………………………………………… (65)

  第一节 技能概述 ……………………………………………………………… (65)
    1.1 演示技能的概念 …………………………………………………… (65)
    1.2 演示技能的作用 …………………………………………………… (66)
    1.3 演示技能的结构 …………………………………………………… (67)
    1.4 演示技能的原则 …………………………………………………… (67)
    1.5 演示技能的类型 …………………………………………………… (68)

第二节　案例展示 …………………………………………………… (70)
　　第三节　应用指导 …………………………………………………… (79)
　　　3.1　演示技能的注意事项 ……………………………………… (79)
　　　3.2　演示技能的误区 …………………………………………… (79)
　　　3.3　演示技能评价量表 ………………………………………… (80)

第7章　反馈技能 ………………………………………………………… (81)
　　第一节　技能概述 …………………………………………………… (81)
　　　1.1　反馈技能的概念 …………………………………………… (81)
　　　1.2　反馈技能的作用 …………………………………………… (81)
　　　1.3　反馈技能的原则 …………………………………………… (82)
　　　1.4　反馈技能运用的几种典型情境 …………………………… (83)
　　　1.5　应用反馈技能的基本过程 ………………………………… (84)
　　　1.6　反馈技能的类型 …………………………………………… (85)
　　第二节　案例展示 …………………………………………………… (86)
　　第三节　应用指导 …………………………………………………… (94)
　　　3.1　反馈技能的注意事项 ……………………………………… (94)
　　　3.2　反馈技能评价量表 ………………………………………… (95)

第8章　强化技能 ………………………………………………………… (96)
　　第一节　技能概述 …………………………………………………… (96)
　　　1.1　强化技能的概念 …………………………………………… (96)
　　　1.2　强化技能的作用 …………………………………………… (96)
　　　1.3　强化技能的基本方法 ……………………………………… (97)
　　　1.4　强化技能的类型 …………………………………………… (98)
　　第二节　案例展示 …………………………………………………… (100)
　　第三节　应用指导 …………………………………………………… (107)
　　　3.1　强化技能的注意事项 ……………………………………… (107)
　　　3.2　强化技能评价量表 ………………………………………… (108)

第9章　机智技能 ………………………………………………………… (109)
　　第一节　技能概述 …………………………………………………… (109)
　　　1.1　机智技能的概念 …………………………………………… (109)
　　　1.2　机智技能的作用 …………………………………………… (109)
　　　1.3　机智技能的原则 …………………………………………… (110)
　　　1.4　机智技能的训练 …………………………………………… (111)
　　　1.5　机智技能的类型 …………………………………………… (112)

目录

第二节　案例展示 …………………………………………………………… (113)
第三节　应用指导 …………………………………………………………… (118)
　　3.1　机智技能的注意事项 ……………………………………………… (118)
　　3.2　机智技能评价量表 ………………………………………………… (119)

第 10 章　组织技能 …………………………………………………………… (120)
第一节　技能概述 …………………………………………………………… (120)
　　1.1　组织技能的概念 …………………………………………………… (120)
　　1.2　组织技能的作用 …………………………………………………… (120)
　　1.3　组织技能的原则 …………………………………………………… (121)
　　1.4　组织技能的类型 …………………………………………………… (121)
第二节　案例展示 …………………………………………………………… (124)
第三节　应用指导 …………………………………………………………… (135)
　　3.1　组织技能的技巧 …………………………………………………… (135)
　　3.2　组织技能的注意事项 ……………………………………………… (136)
　　3.3　组织技能评价量表 ………………………………………………… (137)

第 11 章　结束技能 …………………………………………………………… (138)
第一节　技能概述 …………………………………………………………… (138)
　　1.1　结束技能的概念 …………………………………………………… (138)
　　1.2　结束技能的作用 …………………………………………………… (138)
　　1.3　结束技能的原则 …………………………………………………… (139)
　　1.4　应用结束技能的基本过程 ………………………………………… (140)
　　1.5　结束技能的类型 …………………………………………………… (140)
第二节　案例展示 …………………………………………………………… (141)
第三节　应用指导 …………………………………………………………… (144)
　　3.1　结束技能的注意事项 ……………………………………………… (144)
　　3.2　结束技能评价量表 ………………………………………………… (144)

第 12 章　CRS 网络平台专题研修讨论案例 ………………………………… (145)
案例 1　讨论如何培养学生的统计观念 …………………………………… (145)
案例 2　讨论如何培养学生的发散性思维 ………………………………… (147)
案例 3　讨论图形的认识变化为"从立体到平面再到立体"的原因 …… (149)
案例 4　讨论"可能性"教学中如何设计实验活动体会"必然性" …… (152)

参考文献 …………………………………………………………………… (155)

第 1 章 绪 论

第一节 教学技能

1.1 教学技能的定义

在以数字技术为特征的信息社会,教育活动的方式正经历着前所未有的巨大变革,教育技术及其运用技能也正由传统的方式向新的方式逐渐过渡。《国家中长期教育改革和发展规划纲要》指出:要提高教师业务水平,做好培养培训规划,优化队伍结构,提高教师专业水平和教学能力。教师教育是一个长期艰巨的任务,任何时期的教师教育实践都围绕着探索运用什么样的教学技能和怎样运用教学技能来提高教学效果而展开。教学技能是决定教师教学质量和合格教师培养的核心环节,是教师专业化的重要组成部分,是教师必须掌握的教学基本功。当前,随着教师专业化进程的推进,教师教育迎来了一个全新的时代。

目前,关于教学技能的定义尚无公认的界定。学者们在不同的教育思想和教学观念的指导下,从不同的视角、不同的范畴,在不同的层次上对教学技能进行了不同的阐释。

美国芝加哥大学的莫里森和马肯塔尼认为:教学技能是为了达到教学上规定的某些目标所采取的一种极为常用的、一般认为是有效果的教学活动方式。

澳大利亚悉尼大学的克里夫·特尼认为:基本教学技能是在课堂教学中教师的一系列教学行为。这些行为是影响教学质量、促进学生学习的主要方面,它们具有可观察性、可描述性和可培训性,每一种行为又具有能被分解为不同构成要素的特点。

《国际教学与教师培训百科全书》(又名《培格曼最新国际教师百科全书》)中提到:教学技能是教学行为专业性的一个方面,它被认为是促进学生取得优异成绩的最有效途径。

李克东主编的《教师职业技能》一书认为:教学技能是在课堂教学中教师运用专业知识即教学理论促进学习的一系列教学行为方式。这一定义认为教学理论和教学技能是一个整体,同时它认为教学技能是促进学生学习的行为方式,即一种有效的行为方式。也就是说,教学技能是指在课堂教学过程中,教师为完成某种教学任务,依据教学理论、运用专业知识和教学经验等,使学生掌握学科基础知识、基本技能并受到思想教育等所采用的一系列行为方式。

对于教学技能的定义,有狭义和广义之分,本书主要强调广义上的教学技能,即构成教师专业素养的重要组成部分,是教师在教学过程中,运用各种专业知识、教学理论以及教学手段促进学生学习的一系列教学行为方式。

教学技能是影响教学质量、促进学生学习的关键。教学技能的运用可以激发学生的学习兴趣和动机,引导学生掌握学科知识,为完成学业、适应社会创造条件。教学技能是教师赖以发挥其内在素质、传输教学信息、完成教学任务的最基本保证。教学技能作为教师活动的方式,在教学中有时表现为一种操作活动方式,有时表现为一种心智活动方式,有时两者交接在一起,以综合的形式共同完成教学任务。

1.2 教学技能的分类

对于教学技能,比较具有代表性的分类如下:

美国斯坦福大学的艾伦和瑞安根据教师的教学经验和专家对教师行为的分析,从构成教学技巧的多种要素中抽出十四种要素确定为普通教学技能:(1)刺激多样化;(2)导入;(3)总结;(4)非语言启发;(5)强调学生参与;(6)流畅提问;(7)探索性提问;(8)高水平提问;(9)分散性提问;(10)确认(辨析专注行为);(11)图解的范例应用;(12)运用材料;(13)有计划地重复;(14)交流的完整性。

英国学者特罗特在进行微格教学的研究和实践中,把在教学中能够观察、表现、实际量化分析并为教师所熟知的教学行为提取出来确定了六种教学技能:(1)变化的技能;(2)导入的技能;(3)强化的技能;(4)提问的技能;(5)力争的技能;(6)说明的技能。

日本东京学艺大学的井上光阳提出五大类教学技能:(1)教学设计技能;(2)课堂教学技能;(3)学校管理技能;(4)普通教学技能;(5)教学研究技能。其中每大类又细分为若干项技能。

澳大利亚悉尼大学的亚克里夫·特尼将教学技能分为十种:(1)强化技能;(2)一般提问技能;(3)变化技能;(4)讲解技能;(5)导入与结束技能;(6)高层次提问技能;(7)课堂管理和组织技能;(8)小组讨论组织技能;(9)个别指导技能;(10)发现学习指导与创造力培养技能。

孟宪恺在《微格教学基本教程》中将教学技能分为十种:(1)导入技能;(2)教学语言技能;(3)板书技能;(4)变化技能;(5)演示技能;(6)讲解技能;(7)提问技能;(8)强化技能;(9)结束技能;(10)课堂组织技能。

肖峰将教学技能分为三大类:(1)教学之前的技能群(包括教学对象技能、设计教学目标技能和分析教学任务技能);(2)教学之中的技能群(包括导入技能、奖惩技能、提问技能、刺激变化技能、策略技能、组织技能、管理技能、交流技能、媒体使用技能和结束技能);(3)教学之后的技能群(包括评价技能和辅导技能)。

第二节　课堂教学技能的定义

在教育措施的众多组成要素中,课堂教学技能是最活跃、最能体现教师主体性的部分。课堂教学技能是教学技能的重要组成部分。关于课堂教学技能的概念,国内外已有大量的研究,但尚无统一的定论。不同的学者从不同角度对课堂教学技能进行了定义。

胡淑珍和胡清薇认为:课堂教学技能是教师为了完成教学任务、促进学生身心发展,掌握教学技术并应用于以课堂为核心的教学过程、形成教学能力的教学行为方式。

陈江波和王金岩认为:课堂教学技能是指教师在课堂教学过程中运用与教学有关的知识和经验,促进学生学习的教学行为方式。

马永富认为:课堂教学技能又称为上课技能,是指教师在一定教学理论的指导下,在教学实践中反复练习而逐步形成的迅速、准确、娴熟地开展课堂教学,及时、有效地完成课堂教学任务的一系列教学活动的总称。

王欣和郭辉认为:教学技能是指教师运用已有的教学理论知识,通过练习而形成的稳固的、复杂的教学动作系统,它既包括在教学理论基础上按照一定方式进行反复练习或由于模仿而形成的初级教学技能,也包括在教学理论基础上按一定方式经多次练习,使教学活动方式的基本成分达到自动化水平的高级教学技能——教学技巧。

张雳认为:课堂教学技能是指在课堂教学中,教师运用一定的教育观念和心理学理论,根据特定的教学目标、教学内容、教学对象、教学资源所做出的促进学生学习的教学技能或行为。

肖海雁和韦义认为:课堂教学技能是一种属于个人的实践性知识;课堂教学技能倾向于是一种缄默知识;课堂教学技能是一种特殊领域的程序性知识。

综上所述,课堂教学技能涉及以下四个要点:

(1)课堂教学技能是顺利完成课堂教学任务的稳固的行为(或活动)方式或动作系统。

(2)课堂教学技能是行为(或活动)方式或动作系统;课堂教学技能指向的是课堂教学的任务;"顺利"与"稳固"是课堂教学技能形成的标志。

(3)课堂教学技能是通过实践练习而形成的,"实践练习"是课堂教学技能形成的途径。

(4)课堂教学技能是在一定的教学理论指导下形成的,"教学理论指导"是课堂教学技能形成的前提。

这些要点对于准确定义教师课堂教学技能是必要的,但在上述各定义中并没有全面而简要地涵盖这几个要点。因此,我们参考上述各种定义,给课堂教学技能作如下定义:课堂教学技能是在课堂教学中,依据一定的教学理论指导,通过实践练习而形成的、顺利完成课堂教学任务的稳固的行为(或活动)方式或动作系统。

第三节 课堂教学技能的内容与结构

对课堂教学技能的认识，必须从两方面入手：一方面是课堂教学技能的内容，即课堂教学技能包含哪些项目，如何分类；另一方面是每项课堂教学技能的结构，即每项课堂教学技能的构成要素有哪些，这些要素之间有怎样的内在关系。

3.1 课堂教学技能的内容

课堂教学技能的内容随着课堂教学模式的发展而不断变化和更新，对于课堂教学技能的分类，也因其依据不同而有所不同。

国家教委师范司于1992年颁布的《高等师范学校学生的教师职业技能训练基本要求（试行稿）》指出：教学工作技能训练是指备课、上课、批改作业和评定成绩等教学环节所必备的技能训练。该文件对教学工作技能训练提出了如下基本要求：能结合学科特点制订教案；能根据教学任务和学生特点应用导入、讲解、提问、应变、巩固、结束和板书设计等教学技能；能结合学生实际正确批改作业和合理评定学生成绩；能根据学科特点制作教学所需的简易教具，有一定的使用幻灯机、投影、电视、微机等现代化教学手段的能力；能组织和指导与本专业有关的课外科技活动；能初步运用本专业知识和教育学、心理学原理进行教学研究。显然，这里把课堂教学技能分成了导入、讲解、提问、应变、巩固、结束和板书设计等几部分。

1994年，国家教委师范司下发的《高等师范学校学生的教师职业技能训练大纲（试行）》（[1994]2号文件）中把课堂教学技能分为五类：(1)教学设计技能；(2)使用教学媒体技能；(3)课堂教学技能；(4)组织和指导课外活动技能；(5)教学研究技能。其中，在课堂教学技能中又包括十项基本技能，即：导入技能、提问技能、板书技能、演示技能、讲授技能、反馈技能、强化技能、机智技能、组织技能、结束技能。

郭友在《教师教学技能》中将课堂教学技能分为导入、教学语言、板书、教态变化、演示、讲解、提问、反馈强化、结束、组织教学十项教学技能。

由于每一门学科、每一个教学环节、每一项特定的教学任务，都可能有不同的教学方法，每一种"方法"的熟练运用，都可以称其为一种课堂教学技能。扬州大学的徐林祥等主编的《中学语文课堂教学技能训练》，把语文课堂教学技能分为四个部分：

(1) 教材加工，包括设置目标、设计预习、重组、序化、编码、突破难点、捕捉阅读线索、选择作文范例。

(2) 教师导学，包括组织教学、言语讲授、导入、板书、过渡、小结、结束、设疑与提问、应变、改造相异构想、留空白、运用态势语、设计变式练习。

(3) 主体关怀，包括适度强化、帮助同化、设计先行组织者、引进近区、调节思维、导

"悟"、点拨、激活、暗分布复习、引起注意。

（4）情境设置，包括运用实物、借助图画、运用音乐、言语美化、移植蒙太奇、运用现代化媒体、课件制作、组织讨论。

随着教学实践与理论的发展，人们对课堂教学技能的认识也在不断深化，对课堂教学技能内容的分类也出现了细化、复杂化的趋势，同时课堂教学技能的内容将随着教育改革和发展不断发展变化，因此课堂教学的技能内容（种类）是无法穷尽的。

3.2 课堂教学技能的结构

教学过程是通过师生的相互作用，不断引导学生学习，促进学生自主学习，逐渐实现教学目标的过程。要使这个过程趋于稳定和有序，就必须有效地利用教学技能来协调教学系统各要素之间的关系。不同的课堂教学技能，其构成要素有所不同，但也有着一些共同特征。现代认知心理学依据知识的不同表征方式和作用，将知识划分为陈述性知识、程序性知识与策略性知识。其中程序性知识也可以称为技能。从本质上看，策略性知识也是一种程序性知识。掌握程序性知识的第一个阶段是陈述性知识阶段，这个阶段是对以陈述性存在的程序性知识的学习。也就是说，学生要掌握程序性知识，应该先学习陈述性描述的程序性知识。因此，有关课堂教学技能的陈述性知识（表征），应是课堂教学技能心理结构的重要内容。教学活动中教师的教学技能通过教师自己的智力活动、言语活动及身体动作等实现，因此智力、言语、动作等技能是课堂教学技能结构中的重要部分。教学过程中教师对自己思维活动与教学效果等的反思与调控，是保证教学过程有效进行的不可或缺的条件，因此课堂教学技能结构中不可缺少元认知与教学监控能力。

教师作为一种专业化程度很高的职业，需要在专业基础知识、教育科学基础知识以及教学实践能力上达到必要的水平。教师教学实践能力是教师专业法杖的基础和核心条件，影响着教师对教学理论知识的学习与运用，支配着教师的日常教学行为。教学技能是教师素养中最基本、最重要的内容，掌握一定的教学技能是一名合格教师必须具备的基本业务素养；课堂教学技能是教师任教的基础。在课程实施过程中，如果教师不能熟练恰当地应用教学技能，再好的教育思想也很难在课堂教学中得到贯彻和体现。各类教学技能在整个课堂教学中的作用也是非常重要的，例如课堂教学的导入设计不好，就不能为学生创设有利于学习的情境，将学生带入学习中；教师的提问技能不好，就不能有效地表达自己的思想，不能有效地启发学生的思维活动和对学生进行强化、鼓励等。本书采用1994年《高等师范学校学生的教师职业技能训练大纲（试行）》中对课堂教学技能的分类，即十项基本技能：导入技能、讲授技能、提问技能、板书技能、演示技能、反馈技能、强化技能、机智技能、组织技能、结束技能（如图1.1），并结合点评案例对各项课堂教学技能进行深入分析。

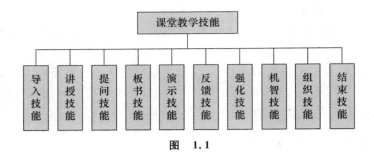

图 1.1

第四节 CRS 模式概述

4.1 CRS 模式的应用背景

基础教育均衡发展是现代教育发展的新境界，也是教育未来发展的趋向。而目前国内的基础教育发展极不均衡，既存在区域间发展不均衡，也存在区域内发展不均衡。从 2000 年 11 月我国开始在中小学实施"校校通"工程到现在，中小学已经基本实现网络化环境建设，但其资源的使用却不理想，资源形式单一导致了数字化学习形式的不足，不能完全适合区域中小学教育实际需求的差异化。而农村和城市的教育教学资源差距更是明显，如何均衡教育资源在两者之间的分配是一项复杂而艰巨的任务。"农远"工程和"校校通"工程的实施为农村和偏远地区的教育提供了一定的教育资源，一大批优秀的教育教学课件和资料被分配到经济不发达地区。许多年过去了，千亿的投资并没有给国家的基础教育带来明显的效果，农村和偏远地区中小学教师及准教师的教学水平并没有明显提高，接受的优质课件资源在当地课堂的应用也没有达到预想的效果。基于这种状况，人们不得不思考一个问题：为什么达不到效果？农村和偏远地区的中小学教师，包括城市学校的部分教师和即将上岗的准教师，他们需要的不仅是教育资源，更重要的是教师专业能力的提高。教师的专业水平是影响教育教学质量的重要因素，无论多么优质的资源，只有教师合理巧妙地整合和运用于课堂中，才能充分体现其价值。

在教育信息化背景下，新课程改革给教师的专业发展提出了许多新要求，中小学教师，特别是农村中小学教师在专业发展中都渴望得到相关专家的指导，从而使自己在专业发展过程中"不走错路，少走弯路"。近五年来，在政府和各级领导的倡导与带领下，许多大学的专家队伍深入部分区县的中小学，分析其资源和师资现状并结合国家基础教育发展的需求对教师们进行了深度和广度的面对面指导与点拨，收效甚好。这一措施从一定程度上解决了基础教育中教师专业发展缺乏专家指导的问题，并得到了当地学校和教师的一致认可。但是，由于专家人数有限和时空隔离的约束，无法通过这种方式为中小学教师提供大范围、长期性的支持。如何集中更多的专家大范围、长期性地为中小学教师发展提供指导,扩展受益面,成为广受关注的问题。

面对基础教育发展不均衡,部分学校资源短缺,教师专业发展缺乏专家指导等问题,实现资源的重复利用和跨地域共享,最大限度发挥专家引领作用,使更多学校和教师受益,是提出"基于网络课录案例支持教师教育模式"的现实背景。

当前,各国都在进行网络技术与教师教育整合的积极探索,利用网络技术来促进教师专业发展的研究和实践更是层见叠出。国内外早已经开始利用 ICT(Information and Communication Technology)建立网络平台并通过视频教学案例进行教学研究:2000 年,Barab 等专家开发的"探究学习论坛"是一种以支持实际案例为基础的、教师共同体的应用模式;美国威斯康辛麦迪逊大学教育学院教育研究中心的"数字化洞察力项目"开发的"Transana 平台"是课堂教学录像研究的软件工具与平台,用于把录像数据转化为文字并进行分析;我国蒋鸣和老师针对在职教师的视频案例分析研究项目,开发了符合中小学实际的课堂教学录像分析模式和相应的工具软件;刘美凤老师对教师信息技术培训案例采用整合层级探究模式进行研究与实践分析。在这种背景下,结合教育技术理论,利用计算机网络这个全世界范围的大平台来构建教师专业发展培养模式,实现资源共享、区域交流势在必行。

基于以上分析,我们的研究团队提出了基于网络课录案例支持教师教育的创新模式——CRS 模式。该模式以全国教育科学"十一五"规划课题"信息技术环境下多元学与教方式有效融入日常教学的研究"的子课题"基于网络、专家引领与常态课促进区域整体教师专业发展有效模式研究"为主要依托背景。同时,项目带头人所承担的北京市教育科学"十一五"规划 2007 年资助类重点课题"教育信息化促进基础教育均衡发展研究"、北京市教改课题"信息环境下师范生教学时间能力培养模式研究"、北京教育科学研究院课题"北京市偏远农村义务教育现状调查"等多项研究也为该模式的提出奠定了理论基础,并为项目的顺利推进提供了实践保障。

4.2 CRS 模式支持教师课堂教学技能培养

CRS 模式通过提供带有专家点评的网络视频课录案例,结合教师教学的真实课堂情境来实现教师专业知识的自我内化,促进内隐知识外化为课堂实践行为。这种应用模式的基本思想如下:各学科教师利用实时录播系统按照教学计划采集教学常态课(指教师保持良好心态进行的一堂真实、符合教学要求的日常课),通过网络课程管理平台自动上传课件记录,进入学校学科资源库,形成一套相对完整的各学科的案例资源;同时,由当地师范院校组建的点评专家小组对采集的案例资源进行点评,融合成为带有专家点评意见的批复式案例资源。学校资源库除了常态课,还包括教师们制作的课件、构成课件的各种"积件",教师们的个人反思、教学日志、教学随笔等。批复式案例资源一方面可以被师范院校的各学科教师或师范生所用,另一方面可以通过网络反馈给中小学教师。在相关专家的点评和引领下,中

第1章 绪论

小学教师通过观摩、研讨名师课和同伴课来学习,并共享其他资源。在这个过程中,无论是教师还是师范生都可以学到很多专业技能。在学习期间,教师可以基于已有的教学实践活动不断地提出反馈信息,以便及时对现行的教学方案做出调整,通过动态循环机制和教师的不断反思、交流来保证培训新模式的完善。

基于这一模式理念,我们的研究团队已经成功开发出基于常态课的、具有专家引领的"基础教育课程点评系统"。该系统平台以教师的常态课为主体,利用网络流媒体技术将专家的点评意见远程反馈给教师,实现资源共享和专家共享,提高教师教育的绩效。CRS模式为每位教师提供了一面镜子,教师在反复"照镜子"的过程中,寻人之长,觅己之短,找到自己的"最近发展区",把个人专业发展融入日常教学工作中,结合学校的总体发展规划,形成一个可持续发展的良性循环过程。该模式主要分为四个阶段:

(1) 资源形成:录制、编辑教师个人常态课。

(2) 专家引领:教师在专业发展过程中遇到困难时,可以向专家咨询、学习。当地师范院校组建的专家小组也会对教师的常态课录进行点评,评价该节课的总体效果,教学设计是否合理,教学组织形式是否恰当,教学目标是否明确等;同时专家们会给予相关的理论引领和实践引领。

(3) 观摩优质的教师专业发展资源:教师可以观摩校内的优质资源,包括常态课资源,如同级、骨干、优秀、特级教师的常态课资源等;也可观摩别的学校的类似资源,实现校际之间的资源共享。观摩优质资源可以给教师提供灵感、发展的目标和方向。

(4) 评价和激励:教师专业发展过程是一个连续不断的自我提升的过程,需要相应的激励机制和评价机制做保证。该模式在绩效技术的支持下,采用多种评价方式,随时对教师专业发展过程中出现的问题给予及时的调整,保证发展过程的顺利进行。在激励方面制定激励机制,从而促进教师专业发展。

CRS模式通过教育技术中的远程手段,充分发挥网络优势,大范围组建专家团队,对教师的课堂实录(常态课视频)进行点评,对中小学教研组集体教研活动及教师个人专业发展进行远程视频互动指导,使更多学校和教师得到专家的指导引领,促进学校和教师个人的发展,提高中小学特别是偏远地区中小学教师教学质量,同时为师范生的教学技能发展提供了一种新型的思想模式和实践手段。

第 2 章 导入技能

第一节 技能概述

1.1 导入技能的概念

导入又可以称为导言或引言,是教师在一个新的教学内容或教学活动开始时,激发学生学习兴趣,引导学生进入学习状态的一种教学行为。导入既是课堂教学的重要环节,也是教师应该掌握的教学技能。贴切而精炼的导入可以激发学生的求知欲望,激活学生的探究性思维,极大地提高教学的效率。一节课或一个教学活动开始时,教师应当选择与本次内容相关的、适应学生心理特点的导入形式,这也是组织教学的一个重要环节。一般而言,每节课都有特定的结构,如组织教学、复习旧知识、学习新知识、巩固新知识、布置作业等,但是课堂教学的模式不是固化的,需要灵活开展,导入也是如此。

1.2 导入技能的作用

导入是教学的前奏,其主要作用在于将学生的思维有效地引入到课堂教学中,激发学生学习的兴趣。具体而言,导入的作用主要体现在以下几个方面:

(1) 激发学习动机和兴趣。

学生的学习动机和兴趣是影响学生学习的主要因素之一。学习动机是直接推动学生进行学习的一种内部动力,是激励和指引学生进行学习的一种需求;学习兴趣是学生学习动机的一个方面,是激发内在学习动机的主要因素。有效的导入可以激发学生对所学知识的兴趣,使学生积极主动地参与学习;有兴趣的学习既可以更好地满足内心对知识的渴求,又可以产生相应的情绪体验,有助于提高学习效果。在导入环节要激发学生的求知欲,可以采用学生所熟知、关心的问题,例如生活中的问题来导入课题,让学生产生好奇心或探究心理,从而积极主动地投入到学习中去。

(2) 建立知识之间的联系。

导入让学生从已有的知识和经验逐步过渡到新知识的学习过程中,这个过程也是为学生学习新知识做铺垫,将学生原有的知识与新知识之间建立起关联,更好地促进新知识的建构。新知识的学习不能简单直接,需要经过情境化或是直观的导入过程,让学生在头脑中产

第 2 章 导入技能

生相关联的感觉、经验或者问题,这样才能很自然地将新知识与原有知识联系在一起。导入充当着激发学生学习新知识的桥梁作用,新知识需要与原有知识结构建立起实质性的联系。

(3) 创设良好的学习情境。

建构主义学习理论认为,学生的学习是在一定的情境中,在他人的帮助下,利用一定的资源而进行的意义建构。为此,教学之初要为学生的学习创设良好的学习情境,让学生在有效的情境中感知和获取情感上的体验。例如,在一节课或学习一个新概念、原理前,先用媒体演示或举出一个恰当的事例,用事例导入,然后通过对事例的分析、综合和概括,从中抽象出概念或原理。

(4) 明确学习的框架。

教学活动是教师与学生共同参加的活动,让学生明确学习目的,了解学习的框架对于学习效果很有帮助。在课程知识讲解前,一个与课程知识相关的本质问题的提出以及围绕这个问题展开的各种活动,都能让学生明确学习的目标。导入为新知识的学习建立了明确的学习框架,使学生领会到学习内容的基本轮廓,建立整体的印象,以便于更好地组织学生的学习。

1.3 导入技能的结构

一般而言,课堂教学的导入可以分为以下几部分:

(1) 引起注意。

导入的构思与实施,要使学生的心理活动保持在教学行为中,与教学无关的活动要通过导入得到抑制。学生专心于导入活动,教学才能从开始就得到清晰而鲜明的反应,获得良好的效果。

(2) 激启动机。

学习动机中最活跃的成分是认知兴趣,即求知欲。创设引人入胜的情境,能激发学生学习动机的情境,使学生产生学习的自觉性,迸发出学习的极大热情。

(3) 组织指引。

导入要给学生明确的学习任务,安排学习的进度。这样可以引导学生思考,使学生有目的、有意义地开展学习。同时,导入要提出学习的方法,给学生指引。在教学过程中,教师要不断设法保持教学重点,围绕重点环环相扣完成教学目标。

(4) 建立联系。

导入的设计要从学生的实际出发,充分了解学生的知识结构和能力,通过教师的主导作用和学生的主体作用的有效发挥,实现教学目标。同时,导入的内容要与教学的中心问题紧密联系,否则即使导入再新颖,再能引起学生的注意,也是无意义的,反而会把学生的注意引向非中心问题,出现不良效果。

1.4 导入技能的原则

提高课堂教学质量,有效的导入是必不可少的,它是一节课的良好开端,可以把学生从课间活动分散的注意力迅速转移到课堂中。教师设计导入时应当考虑学生的学习状况、知识结构,同时要与教学内容紧密结合。导入应遵循的原则有:

(1) 目的性原则。

导入要依据教学目标,教学内容,学生的知识结构、年龄和心理特点等有针对性地进行设计。导入既要符合教学目标和教学任务,更要依据教学内容的结构、重点和难点,还要考虑学生的知识基础、学习特点等。导入的目的要明确,不能只考虑形式上的新颖等。

(2) 启发性原则。

积极的思维活动是课堂教学取得成效的关键。导入须具有启发性,引导学生发现问题,激发学生产生解决问题的强烈愿望,促使学生自主进入探求知识的境界,起到抛砖引玉的效果。因此导入要有利于学生激发动机、启迪智慧、活跃思维,使学生产生强烈的求知欲望。

(3) 关联性原则。

建构主义认为,任何学习都要涉及学习者原有的认知结构,学习者总是以其自身的经验来理解和建构新的知识和信息,这些经验包括正规学习前的非正规学习的日常概念和科学概念。各种新知识都是从旧知识中发展而来的,导入要善于以旧拓新、温故知新。也就是说,导入的内容要与新课内容紧密相关,揭示新旧知识的联系,使学生的认识系统化。

(4) 实效性原则。

课堂导入是课堂教学的开始,但不是主要的环节,所以导入阶段要使学生尽快进入学习情境,使学生以最少的时间取得最好的学习效果。因此,导入必须做到过程紧凑,各环节之间既层次清晰,又安排合理;导入的时间一般控制在2~5分钟。

(5) 机智性原则。

课堂是一个动态变化的过程,虽然教师在教学前要做好充分的准备,但是课堂的变化是无法预料的,教师要善于根据课堂的氛围和学生的状态机智地调整导入行为,应对各种变化。

1.5 导入技能的类型

现代信息技术和丰富的教学手段使得课堂教学多元化,导入也表现出更多的类型。不同的课型可以有不同的导入方式,同一课型也可以有不同的导入方式。采用怎样的导入方式关键在于教师对教材的理解和对学生的了解。因此,教师应根据学生以及教材的特点,采用灵活的方式导入课堂,以集中学生的注意力,为课堂教学的顺利进行做好铺垫。一般常见的导入方式有:

卫建国:直接导入、复习导入、悬念导入、直观导入、经验导入、故事导入。

第 2 章　导入技能

郭友：直接导入、复习导入、直观导入、实验导入、实例（经验）导入、设疑导入、故事导入、讲评导入、推理导入、审题导入。

王晞：直接导入、经验导入、旧知识导入、实验导入、直观导入、设疑导入、事例导入、悬念导入、故事导入、表演导入、随机事件导入。

下面主要介绍几种典型的导入方式。

1. 直接导入

直接导入是一种比较简洁的导入方法，常常适用于相对独立的教学内容的起始课。这种导入方式不是启发学生逐渐进入课程学习，而是直接点明学习内容，提出学习要求。导入时，教师使用简练的语言来进行陈述或设问，直接将问题呈现给学生；同时，还可以介绍学习的目的和要求、各个重要部分的内容、教学的安排、新旧知识的关联以及所要达到的目标等。这种方式适用于学习能力较强、有一定意志力的高年级学生。

2. 经验导入

经验导入是以学生原有的生活经验为出发点，教师通过生动而富有感染力的讲解、谈话或提问引起回忆，从而引导学生发现问题的导入方式。间接性是学生学习的一个重要特点，学习的知识往往是他人的经验总结，而经验导入可以拉近学生与知识的距离，并在学习过程中产生切己的情绪体验，这种体验在某种程度上降低了学习的难度。另外，从认知心理学的角度来说，经验导入是一种同化的学习，它有利于知识的迁移，促进提高概念学习的质量和效率。

3. 复习导入

科学知识是系统连贯的，新知识是在旧知识的基础上发展起来的。接受新知识，需要学生具备一定的知识基础，因此知识教学在安排上会注重单元与单元的相互衔接、单元内知识的相互关联。复习导入是一种根据新旧知识之间的逻辑联系，利用新旧知识的联结点进行导入的一种方式。复习导入是许多教师课堂教学中常常用到的导入方式。复习导入一般以旧知识为基础引导学生发现问题，明确探索目标，从而进入新教学内容的学习，它是以回忆、提问、做练习题等方式复习旧教学内容开始，从新旧教材的联结点自然地过渡到新知识的学习。当新旧知识联系比较紧密时，就可以采用复习导入的方式，这样既可以巩固旧知识，又可以把新知识建立在旧知识基础上，有利于学生对新知识的理解。

4. 实验导入

实验可以创设生动、直观、新颖的学习情境，不仅能引起学生的认知需要，而且在实验向概念和原理的总结、概括过渡的过程中，为学生培养推理能力和逻辑思维方式提供了条件。这种导入方式经常在生物、物理和化学等自然科学类的课程教学中使用。

5. 直观导入

直观导入一般是在讲授新课题之前，先引导学生观察实物、样品、标本、模型、图表、幻灯片、电视等,引起学生的兴趣,再从观察中提出问题,创设研究问题的情境。学生为解决直观感知中生成的疑问,产生了学习新知识的强烈欲望。采用直观导入,可以使抽象的知识具体化、形象化,更易于激发学生的学习兴趣。在采用直观导入时,要注意相关性和导向性。相关性即直观的媒体要与课程的知识紧密相连;导向性是指在学生的观察过程中,教师要做好引导,及时恰当地提出问题,正确引导学生的思考方向。

6. 设疑导入

设疑导入是一种以认知冲突的方式设疑,使学生思维处于惊疑、矛盾等状态,进而构成疑问的导入方式。设疑导入既可以巧妙地提出学习任务,又可以创造出探求知识的良好情境,将导入设计得具有启发性、探索性,并同时具有趣味性,激发学生的求知欲望。

7. 故事导入

故事导入,即通过讲故事的方式导入新课,其中故事可以是真实的历史故事、神话或民间传说等。运用学生比较熟悉的故事进行导入,符合学生的认知心理,容易引起学生的共鸣。故事导入可以创设引人入胜的学习情境,有利于学生从无意识注意迅速过渡到有意识注意,激发学生的学习积极性。

第二节 案例展示

案例1 认识钟表(数学)

【课堂实录】

老师:好,上课!

学生:老师,您好!

老师:同学们好!请坐。

老师:孩子们,请看大屏幕。[PPT展示各种钟表]你们看,王老师今天给大家带来了好多的钟表朋友。今天咱们就来学习——认识钟表。[板书:认识钟表]

【专家点评】

教师可以加强导入环节,从生活中的实例导入"认识钟表"的教学。比如,用这样生活中的实例来导入"认识钟表"的学习:妈妈问小明:"现在几点了?我做的米饭到8点应该就熟了。"这样可以引导学生知道"认识钟表"这节课的作用,更加激发学生的学习动机。

案例2 升华与凝华(物理)

【课堂实录】

老师:下面请同学们看一下这幅图片。[PPT展示一幅雾凇的图片]有人知道树上挂的是什么吗？

　　学生：霜、雪。

　　老师：好，我请同学来说说。＊＊同学，你来说。

　　学生1：雪。

　　老师：好，坐下。有不同意见的吗？＊＊同学，你来说。

　　学生2：霜。

　　老师：好，坐下。＊＊同学，你来说。

　　学生3：冰。

　　老师：还有其他意见吗？[学生沉默]我可以告诉大家，说的都不对。这是什么呢，是雾凇，吉林雾凇在我国与桂林山水、长江三峡、云南石林并称为四大自然奇观。下面让我们一起走进吉林雾凇，来领略大自然的鬼斧神工。

　　[学生与老师一起观赏视频PPT呈现，时间大约2分钟]

　　老师：同学们，感受到雾凇的美丽与神奇了吗？

　　学生：感受到了。

　　老师：那么在观看的时候，你心里有没有一种冲动啊？

　　学生：有。

　　老师：有什么冲动啊？＊＊同学，你说说。

　　学生4：想知道雾凇是怎么形成的。

　　老师：好，坐下。其他同学还有什么意见吗？[学生沉默]我想他的想法代表了咱们很多同学的想法。那么雾凇到底是怎么形成的呢？它就与我们今天要学的知识"升华与凝华"有关。[PPT呈现标题]今天我们来学习第七章第四节——升华与凝华。

　　[板书：升华与凝华]

【专家点评】

　　再现生活中真实的物理现象来引入新课，吸引住学生的眼球，激起学生的好奇感，让他们有意识地注意到该课有听下去的必要，无意识地进入到学习状态中。在新课的开始，教师出示了一幅雾凇的图片并提出问题：同学们，你们知道树上挂的是什么吗？这时，有的同学说是雪，有的说是冰，有的说是霜。因为我们这个地区雾凇很少见，所以没人回答出雾凇。这时教师告诉他们说的都不对。他们表示出困惑：到底是什么呢？从而吊起了学生的胃口，集中了学生的注意力。此时，教师告诉他们是雾凇，然后介绍吉林雾凇并播放了一段吉林雾凇的视频。看完视频后，教师让学生谈感受，很多学生都说想知道雾凇是怎样形成的。这正是教师想达到的效果，借此引出雾凇的形成与升华和凝华有关，从而成功地引入了新课。

案例3 平方差公式(数学)

【课堂实录】

老师：同学们好！上节课我们已经讲过因式分解的第一种方法，是什么方法？

学生：提取公因式。

老师：对，是提取公因式法。那么大家想一想在利用提取公因式法时，它的关键是什么？

学生1：它的关键是找公因式。

老师：找时应该注意什么？从哪几方面找？

学生1：从系数找，找这几项系数的最大公约数；然后是字母，找字母指数最小的。

老师：那么这个 $2x^2-2y$ 里面，你找指数最小的那个是找 y 吗？

学生1：不是。

老师：应该是找什么？

学生1：要找相同字母的。

老师：要找相同字母指数最小的。然后还有一项什么？

学生1：还有就是单个字母不用。

老师：大家再想一想，你先坐下。咱们再想一想，简单地回忆一下。第一，应该要找所有系数的最大公约数。第二，找相同字母指数最小的。第三，要找相同因式，也是找它指数最小的。对吧？好了，那么现在大家看这道题利用提取公因式法怎么做。大家一块来说吧。

[板书题目：$-3ax^2+12ax-3a$]

学生：第一步，当首项为负时，要先把负号提出来，应该是 $-(3ax^2-12ax+3a)$。第二步，找公因式，按照刚才您说的步骤来找。3，12，3 的最大公因数是 3。再去找下一个相同的字母 a，指数就是 1。把 $3a$ 提出来，括号里面剩 x^2-4x+1。

老师：好，到这就结束了。那么在这儿的时候咱们上次也说过，当得到最后结果时，一定要检查一下最后结果是否能够再分解因式，一直到分解到不能再分为止。是不是这样的？

学生：对。

【专家点评】

复习引入是一个非常重要的教学环节。本节课通过复习上节学习的提公因式法分解因式来设疑，进而引出第二种分解因式的方法——平方差公式。从形式上看，两种方法非常清晰。换个角度看，这个内容的复习和新课的引入关系不大，复习的必要性有待于进一步研究。

本节课是应用平方差公式分解因式，教师的引入过程是先复习提取公因式法，然后提出了 x^2-y^2 的因式分解问题。这一过程可以做些改进：将提取公因式法复习和平方差公式引入结合起来，引导学生去分析和讨论解决这个问题。无论学生能否解决这个问题，都应注意渗透数学思维方法的教学,如要求想想与这个式子有关的代数式变形方法。因此,建议先复习提取公因式法,在提取公因式后,要求学生讨论 x^2-y^2 是否可以进一步分解。如果学生讨论后没有结果,那么教师要从思维层面进行,要求学生想一想与之有关的数学知识和方法,看从中能否得到一些启发。如果学生讨论后有结果,那么教师可以要求学生解释怎么想到用平方差公式的,然后通过小结来揭示这一思维方法:扩大联想范围,想一想与此相关的知识和解决问题的经验。

案例 4　分数的意义(数学)

【课堂实录】

老师:看了大屏幕,我们已经知道今天的学习内容。关于分数,我们并不陌生,在三年级的时候就学过,对吗?

学生:对。

老师:今天我们继续学习有关分数的知识。这三幅图,请任选一幅图,分一分,看看你能得到哪些分数,再想想这些分数表示什么意思。

[学生动手完成,用时 1 分 30 秒;三个同学上黑板展示自己的完成情况,用时 1 分钟]

老师:同意他们的想法么?

学生:同意。

老师:大家有问题么?那老师有一个问题:大家看,这一小块苹果,不够一个,不能用整数表示,所以用分数"四分之一"来表示;再看这是一个气球,为什么也能用分数来表示呢?

学生 1:这三个气球连在一起,取其中的一份,就是这三个气球的三分之一。

老师:她说这三个气球是连在一起的,也就是说把这三个气球看做一个。

学生 1:看做一个整体。

老师:把这个整体平均分成三份,一份就是一个气球,那么一份就是三份中的一份,就可以用三分之一来表示。三分之一表示的是气球的个数么?

学生:不是。

老师:对,这三分之一表示的是一个气球占三个气球的三分之一。

我们看到,刚才的三个分数分的对象不同,分的份数也不同,但是这三个分数都有一个共同的特点?是什么?怎么分的?

学生:平均分的。

【专家点评】

让学生动手操作任选一幅图分一分,这样既复习巩固旧知识,同时也带出了本节课即将重点介绍的新知识。通过"明明是一个气球,为什么可以用三分之一来表示?"的提问,引起学生的认知冲突,从而初步体会分数可以表示事物之间部分与整体的关系。

案例5 人民大会堂(语文)

【课堂实录】

老师：同学们，上节课我们学习了《参观人民大会堂》这篇课文的生字和词语，这节课我们来继续学习这篇课文。请同学们先把课题读一下。

[老师手指向黑板上的课文题目，学生诵读题目]

老师：下面大家来念一下词语。[播放事先准备好的PPT]我找同学来念。

[同学们踊跃举手，老师指定同学]

学生1：庄严。

老师：大点声。

学生1：庄严。[声音提高]

老师：对不对？

学生：对。

学生2：雄伟。

老师：对不对？

学生：对。

老师：大家一起念下一个。

学生：红底镶金。

老师：大家看"镶"字有多少画，数一下。[学生数完说22画]好，是22画。大家注意别多笔画。下一个。

学生3：眼花缭乱。

老师：这个词我们在哪篇课文里学过？

学生4：《神奇的鸟岛》。

老师：对，我们在《神奇的鸟岛》这篇课文学过。谁能说一说是什么意思？

[老师指定一个学生回答]

学生5：看到的色彩多而使眼睛感到迷乱。

老师：对，是看到的色彩多而使眼睛感到迷乱。下一个。

学生6：闪耀。

老师：课文中说是什么的闪耀？[PPT展示"(   )闪耀"画面，让学生填空]

学生7：金光闪耀。

老师：金光闪耀，好。下一个。

学生8：宽敞。

老师：下面的。

学生9：装饰。

第 2 章　导入技能

老师：下一个，一起读。
学生：摆设。
老师：下一个，一起读。
学生：台湾省。
老师：下一个。
学生 10：行政区。
老师：好。下面把这些词语放到句子中去读。
学生 11：每个厅都很宽敞，装饰和摆设各不相同。
老师：对不对？
学生：对。
老师：下一句。
学生 12：这些会议厅是以包括台湾省在内的省、市、自治区和特别行政区的名称命名的。
老师：对不对？
学生：对。
老师：这些词语就是我们上节课学到的，我们这节课来继续学习这篇课文。先自己读一下课文。

【专家点评】
复习词句、导入新课的时间显得有些长；关注了方法，有思维的导向，但形式可再丰富些，让更多的学生参与反馈，唤起对已知的回顾，以便于与第二课时学习的衔接。

案例 6　串联电路和并联电路（物理）

【课堂实录】
老师：请大家看大屏幕[PPT 展示]，看一道题，这里我提供了一个电源、一个灯泡、一个开关和一些导线，请大家组装成一个电路，要求开关闭合后小灯泡发光。
[学生分小组动手完成，用时 1 分 30 秒]
老师：开关闭合后，小灯泡发光。各小组做完了吗？
学生：做完了。
老师：成功了么？
学生：成功了。
老师：好，成功了。大家看，在这个电路里，只有一个用电器——灯泡。在实际生活中，电路中的用电器不止一个，那如果有两个或以上用电器，这些用电器怎样连接到电路中，以何种方式有几种，这些方式有何特点，通过这节课的学习，我相信大家就了解这些知识了。请大家打开课本，今天我们学习第十章第一节串联电路和并联电路。[板书题目]

【专家点评】

本节课是通过让学生动手实验引入的。让学生将一个电源、一个灯泡、一个开关连接起来使小灯泡发光,这种做法的优点是:

(1)引起了学生的极大兴趣,使学生获得成功的体验。

(2)当老师提出问题"两个灯泡怎样连接呢?"时会引起学生主动思考。

(3)使学生带着兴趣、带着思考,从而乐于学习新的内容。

用每个学生都能自己完成的实验操作开场,继而引入本节课的学习内容和课题,从物理学习本身自然地吸引了学生的注意力。教师语言简单、明确、转承自然,引入环节的教学效率较高。

案例7 光的直线传播(物理)

【课堂实录】

老师:今天上新课前,我先请大家看几幅图片。咱们看这。[PPT展示七幅图片]大家看了以后有什么感想?

学生:漂亮。

老师:图片特别漂亮,对吧?五光十色,绚烂多彩。那么大家看到这么漂亮的图片以后来想一个问题:图片本身为什么这样漂亮?再一点,我们是怎样看到这个图片的?＊＊同学,你来说。

学生1:有光。

老师:对,有光,回答得很好。我们看到的这幅图片是由光组成的,我们之所以能够看到这些图片也是由于光的存在。所以光在我们现实生活当中相当重要。不仅我们可以看到图片,大家在生活当中有很大一部分的信息量是通过眼睛由光取得的。从今天开始,我们学习光线这一章节内容。今天我们学习第八章光现象中的第一节"光的直线传播"。

【专家点评】

用吸引学生的投影图片引入的动机是好的,但从本节课的主题和所费去的2分钟来看,效率问题值得考虑。可以考虑用最直接的课堂现象直接引入,以减少引入的时间。如果使用图片投影,可减少图片数量,然后用东西遮挡光路,直接提问:为何看不见?这样可以突出和进一步暗示性启发所学习的内容,而且节约时间。

建议从物理教学的基本理论与方法的视角,再琢磨一下引入和启发。一个好的引入,不但能引起学生的学习兴趣和注意,而且或对概念规律的内涵具有暗示、隐喻或启发性的作用,或对学生有方法性的启迪。例如高中从矢量层面讲授速度概念时的引入,可以先介绍古希腊哲人的故事:"傍晚他在海滩散步,遇到一个外乡人问到某个地方还要走多少时间。他不理人家,对方问了三遍他也没理,问路人以为他是聋子就转身走了。没想到刚走了十来步却听见这位哲人说:'我告诉你呀,要这么走,你再走20多分钟就到了!'"然后,话锋一转,

第2章 导入技能

说："我想你们要是在天安门广场上遇到外地人问你'到西单还要走多长时间'，是否也可以学着这位古希腊哲人的样子，先不理他，等他开步走以后再说'这么走你再走15分钟就可以到西单了'，行不行呀？"当同学都觉得"可以"并处在觉得挺好玩的时候，教师却说："可是我觉得，15分钟后可能那个人没到西单，却到了前门啦！"在全班愕然继而哑然失笑之中，教师再提炼出几个问题引发学生思考、顿悟。通过师生共同讨论，使学生自己提升对速度内涵的认识。

引入需要富有启发性，但要注意不能形成"启而不发"甚至于"启闭"的效果。例如常见到的这样的情形：学生在被成功地"启"之后刚准备开始琢磨，教师却说了一句"今天我们学习了……就可以明白（解决）这些问题了"，这样，原本的启发意图就造成了"启闭"的教学效果。

由上可以了解，一个成功的"启"并不等于学生能成功地"发"。所以，如何设计出一个富有延续性启发效果，又生动、有趣、亲切、简单的启发环节，需要提高教师自己对概念规律的理解，需要注意积累对生活与教学实践的观察及顿悟，而不能止于热衷观摩和模仿。

案例8　大自然的声音（语文）

【课堂实录】

老师：先让大家猜个谜语：身穿一件大黑袍，尾巴尖尖像剪刀，秋天从北飞向南，春天从南飞回来。打一种鸟。

学生：燕子。

老师：非常好。刚才我们是在用语言来交流。大自然也有语言，咱们来看一下。［展示第一幅图片］这是什么季节？

学生1：春季。

老师：有没有其他意见？

学生2：秋季。

老师：你怎么看出来的。

学生2：因为叶子都是黄的。

老师：对，这个就是大自然的语言。［展示第二幅图片：乌云密布，伴着雷声］一起看，谁看到了大自然在说什么？

学生：大自然说要下雨了。

老师：嗯，你看到了什么现象？

学生3：黑云，要下雨了。

老师：对，乌云满天，而且有轰隆隆的雷声，这就说明要下雨了。这些都是大自然的声音。今天我们要学习的新课，也介绍了几种大自然的语言。我们一起来读课题。

【专家点评】

利用形象直观的图片帮助学生理解什么是大自然的语言来导入新课,既有利于调动学生的学习兴趣,又有利于突出教学重点、突破教学难点。

案例9　乘除两步解决问题(数学)

【课堂实录】

老师:上课!

学生1:起立!

学生:老师好!

老师:同学们好!请坐!

老师:孩子们,今天老师领大家到"小花猫咪咪的儿童商店"去看一看,你们愿意吗?

学生:愿意。

【专家点评】

教师能够结合学生的年龄特点,创设有趣的故事情境,调动学生参与活动的学习愿望。在老师的带领下,走进"小花猫咪咪的儿童商店",使学生们兴趣盎然。当走进"小花猫咪咪的儿童商店"时,琳琅满目的商品使学生们眼前一亮,立刻产生了进入课堂进行学习的愿望。

案例10　分数与除法的关系(数学)

【课堂实录】

老师:现在到了春季,我们知道每年的3月12日是植树节,全国各地都开展植树活动。我们班的A同学去参加了植树,并对植树活动的情况写了篇日记。我们来看看日记的内容。请A同学来读一下。

学生A:3月15日,星期日,晴。今天我家3人和B家4人去郊外进行植树比赛,我家植树7棵,B家植树9棵。这次虽然累得腰酸背痛,但是想到能为环保做贡献,我认为非常值得。

老师:在回家的路上,B认为自己获胜,A则认为自己胜出,你同意谁的观点呢?请说说理由。大家想一想。

学生C:谁的观点都不同意,平局。

老师:平局?请说说你的理由。

学生C:3人7棵,有1人植了3棵,剩下的人各植了2棵;4口人9棵,也是有1人植了3棵,剩下的每人植了2棵。

[还有同学说A胜(计算平均数),有同学认为B胜(计算总数)。课堂由此展开,第四种观点出现:在每人都平均2棵的基础上,每家多出的1棵,分别用1/3,1/4表示。教师引出直观图,通过观察图最后得出A家为7/3,B家为9/4]

第 2 章　导入技能

【专家点评】

"分数与除法的关系"是分数意义之后的第一个内容,作此内容的研究课很少,不少教师认为内容比较浅,没有新意。而听了这位教师的课令我们耳目一新,引人深思。

这一节课在问题情境中展开讨论,引出新课。开始教师创设问题情境:A 家 3 人植 7 棵树,B 家 4 人植 9 棵树,谁家植树多?问题一经抛出,即出现意见不一的观点。观点一:两家都有 1 人植 3 棵,其余的人平均每人植 2 棵,出现平局。观点二:看总数 9＞7,所以 B 家获胜。观点三:算平均数:$7 \div 3 = 2.33\cdots$,$9 \div 4 = 2.25$。针对三种观点,教师没有急于表态,期待来自学生的看法。于是出现第四种观点。至此除法与分数建立了初步的联系。

案例 11　分数(数学)

【课堂实录】

老师:同学们,你们认识这两个卡通小人物么?

学生:认识。

老师:是什么啊?

学生:蓝猫和淘气。

老师:今天啊,老师把它们出现的小问题带到了课堂上,想请大家帮着解决一下,愿意么?

学生:愿意。

[老师出示蛋糕图片]

老师:这是什么?

学生:蛋糕。

[老师请学生读问题,同学读题。问题是关于分蛋糕的三种选择]

老师:同学们,如果你们是蓝猫,你会选择哪种?

[学生各持己见]

老师:那么到底谁说的有道理?请大家把手里的同样圆形纸试着分一下,看看哪种分得最多。如果你还有其他办法,可以使用你的办法来分一下。

【专家点评】

创设情境,引出猜想:教师根据蓝猫、淘气分蛋糕的话题,引出 1/2,2/4,4/8 三个分数比大小的猜想。

案例 12　质量守恒定律(化学)

【课堂实录】

老师:我们先听一个故事:福尔摩斯是一个大侦探,他在和华生研究一个血案。他将烟丝装入烟斗,大口大口地吸起来。华生问道:聪明的福尔摩斯先生,烟的质量怎么求呢?福尔摩斯稍加考虑之后,最后得出:烟丝的质量加烟斗的质量减去烟斗和烟灰的质量。大家讨论一下,他说得对不对呢?

[学生讨论,用时 30 秒]

老师:认为对的请举手。大家有的觉得对,有的觉得不对。今天我们先来学习质量守恒定律,然后来解决这个问题。

【专家点评】

本节课采用有趣的故事引入,有利于激发学生兴趣。但讨论安排得有点"空",因为这个讨论过程学生要假设化学反应过程质量守恒或不守恒,还要考虑到燃烧的反应物有氧气参加,而从老师的授课看这些显然不在老师的考虑之内,老师要的是一个"对"或"不对"的结果,学生的"对"和"不对"并没做到有理有据,只是一个比较盲目的猜测,那就不需要讨论。

案例 13　商不变的性质(数学)

【课堂实录】

[老师先请同学们口算四组除法运算]

老师:有这么一个猴王分桃子的故事。有一天,猴王给小猴子分桃子,出现了这样的状况,猴王说:"每 3 只小猴子分 6 个桃子吧。"小猴子说:"不够,不够!"接着猴王又说:"好吧,那给你们 60 个桃子,30 只小猴子分。"小猴子说什么?

学生:不够,不够!

老师:呵呵,真聪明,还没说你们就猜到了,比小猴子还聪明。

老师:猴王说:"真拿你们没办法,给你们 600 个桃子,不过得 300 只小猴子分,这下你们满意了吧?"小猴子们还是说:"不够,不够!"

老师:这是为什么呢?

学生1:因为桃子数量在增加,小猴子数也在增加,每只小猴子分的桃子还是一样。

老师:[PPT展示数量关系]6 个桃子平均分给 3 只小猴子,60 个桃子平均分给 30 只小猴子,600 个桃子平均分给 300 只小猴子,结果都……

学生2:等于 2。

老师:平均每只猴子分得几个桃子?

学生:都是 2 个。

老师:第一次,6 个桃子平均分给 3 只小猴子,6 除以 3 等于 2;[板书列式]第二次,60 个桃子平均分给 30 只小猴子,60 除以 30 等于 2;[板书列式]第三次,600 个桃子平均分给 300 只小猴子,600 除以 300 还等于 2。[板书列式]

老师:大家观察这三个算式,有什么变化?

学生3:一个一个地加。

老师:什么一个一个地加?

学生3：数。

老师：哪个数？

学生3：0。

老师：哦，你发现6后面的0一个一个地增加了，是么？很不错，还有么？

学生4：每个被除数都增加了10倍，每次的人数也增加了10倍，但是结果都是2，没有变。

老师：我觉得不是每个都增加了，而是依次扩大了10倍。

老师：那么谁在变？

学生：被除数和除数。

老师：谁不变？

学生：商不变。

老师：那么，假如猴王接着往下分，应该是多少个桃子分给多少只小猴子？

学生：应该是6000个桃子分给3000只小猴子。

老师：等于多少？

学生：等于2。

老师：那小猴子还会嚷……

学生：不够，不够！

我们说的60，600，包括我们增加的6000，这些都是桃子的个数，可以叫做总数；30，300，这些是小猴子的只数，叫做份数。2呢？一份的个数，即每份数。你发现总数和份数在变，但是每份数变不变？

学生：不变。

老师：没有变化。

老师：除了猴王分桃之外，与我们生活相关的还有其他事例么？

【专家点评】

教师以童话故事和让学生举生活中的实例来导入新知识"商不变的性质"，这样非常好，既可以让学生体会到这种变化规律很常见，以旧带新，也可以让学生从数量关系中发现商不变的性质。

第三节 应用指导

3.1 导入技能的注意事项

1. 导入的具体要求

（1）符合教学的系统性。

不论从教学的静态因素，还是从教学的动态过程来看，教学都是一个系统。导入、呈现、理解、巩固和结束构成的教学过程是一个整体,构成了完整的教学,各个教学程序之间要有一定的联系性,因此要把导入与整个教学过程综合起来考虑。另外,课堂教学是由人、时间、空间、教学任务等多种因素构成的系统,导入的设计也要考虑到这些系统因素,争取全体成员的参与和时空的有效利用。

(2) 符合教学内容本身的科学性。

导入的设计要符合具体学科的特点,从教学内容的科学性出发。违背科学性的导入,尽管非常生动、精彩,也不足取。导入的构想要以充分理解教学内容为基础。教师对于教学内容的理解不仅仅是认知层面,还包括内在于知识符号的思维过程和情感价值观。

(3) 从学生的实际出发。

学生是教学活动的主体,教学内容的好坏要通过学生的学习来体现。从学生的实际出发是整个教学工作的起点,因而在设计导入的形式和内容时,要尊重学生的主体地位,立足于学生的年龄和心理特征等来选择学生普遍感兴趣的、发生在学生身边的、学生直接面临的或学生关注的重大社会问题作中介,注意联系学生的实际生活,激活学生的实践经验,由此来拨动学生求知的心弦。

(4) 从课型的需求入手。

导入的设计需要因课型的不同而不同。根据一节课中预计完成的教学任务,可以将其分为:新授课、练习课、复习课、检查课、实验课等。新授课要注意温故知新;讲授课要注意前后呼应、承上启下;复习课要注意分析比较、归纳总结。导入时要注意具体课型的特点,有针对性地设计导入。

(5) 导入要尽量简洁。

导入的设计要短小精悍,时间过长会影响到整个教学进度。导入的基点在于"导",因此在情境的设计上不要绕圈子,语言要突出重点、简洁精练。各种形式的导入目的是快速引起学生的兴趣,集中学习的注意力,创设愉快的学习氛围。

(6) 形式要新颖。

课堂教学没有固定的模式,导入不能千篇一律,而是需要新颖,这样才能更好地激发学生的学习积极性,营造良好的学生互动氛围。导入的方式很多,设计时要注意相互配合,交叉使用。

2. 导入的误区

随着新课程改革的深入,课堂导入形式呈现出形式新颖活泼的特点。但是,有一些教师对于导入的设计,尚存在错误的理解,走进了导入的误区。这主要表现为以下几点:

(1) 忽略学生的反应。

教师在设计导入时,从自己的理解和预想出发,会忽视学生的实际情况和他们可能出现的反应。教师将导入构想付诸课堂教学实际时,会因对学生的问题考虑不周而无法处理,导致课堂教学无法正常顺利地开展。

第 2 章 导入技能

(2) 忽视导入的有效性。

导入是课堂教学的开始环节,教师在设计的过程中,有时会为了追求形式上的独特而忽略其实用性、有效性。教师应当在选择导入形式时紧密结合教学目标,不能脱离教学。

(3) 忽视导入的目的性。

导入的目的是为了让学生将兴趣与思维集中到教学内容中。导入的形式多种多样,但教师应当遵循"形散而神不散"的基本原则。

3.2 导入技能评价量表

我们设计了如下的导入技能评价量表,以便于教师及师范生对导入技能进行评价:

课题					
科目		年级		课型	评价人
评 价 项 目				评价成绩	参考权重
导入目的明确,能将学生带入本课题的学习情境(指引课题)					
选用的内容和方法得当,能激发学生的学习兴趣(激发兴趣)					
选用的内容和方法新颖,能引起学生的注意(引起注意)					
自然地导入新课题,导入与新课题之间联系紧密(建立联系)					
语言清晰,感情充沛,能面向全体学生,促使学生主动学习					
时间安排紧凑、得当、合理					
总 成 绩					

第3章 讲授技能

第一节 技能概述

1.1 讲授技能的概念

讲授技能是教师采用解说和诠释的方式来讲授知识的一种技能,即通过运用声音、语调、表情、手势、动作等手段进行传道、授业、解惑。

讲授技能是教师运用语言向学生传授知识,引发思考,从而促进学生智力发展的教学行为;是教师根据知识本身的逻辑规律和学生认知的顺序解释教材内容,让学生形成知识并发展学生思维能力的基本途径。讲授的实质是教师的主导作用与学生的学习主动性的最佳结合;讲授的任务是教师通过循序渐进的叙述、描绘、解释、推论来传递信息,传授知识,阐明概念,论证规律、定律、公式,引导学生认识问题和分析问题,并促进学生智力发展,体现教学相长的关系。

讲授技能要从教学的启发性原则出发,并结合学生的年龄特征。教师研究教材的启发点、学生的特点,运用不同的启发手段,形成教师的授课风格。

1.2 讲授技能的特点

讲授主要借助语言进行,教师在向学生传递信息的过程中,主要的教学媒介是语言,因此正确理解语言和提高运用语言的能力是出色讲授的前提。

同时,讲授具有双边性。教师通过信息传输引起学生认知的提高是一种双项活动,因而讲授需与提问、讨论等教学方式配合使用。只有教师积极教学,充满激情,才有助于改变学生被动的现状,真正发挥教师的主导作用,体现教学魅力。

此外,讲授还需注意启发。在讲授过程中,教师完成对概念、原理、规律、公式等解释、论证的任务,一般要引起学生的思考、深刻理解,否则容易产生"食而不化"的局面。

运用讲授法向学生传授新知识,能够在较少的时间内向学生传授较多的知识,具有时间少、容量大、效率高的特点;能够有力地启发学生积极思维,激发学生热情,培养学生观察问题、分析问题、解决问题的能力;也使学生学到思维方法与学习方法,养成独立学习的能力。讲授,一是讲教师自己的理解,即对教材内在联系的认识;二是教师以自己的理解方法去指导学生理解，是帮助学生掌握理解问题的方法，增强学生独立理解的能力，提高理解的水平，达到举一反三的功效。讲授法的特点是：从具体的事实材料中，分析事物的发展过程，探寻概念、原理、规律、法则及其形成的原因；解释常多于叙述，其关键在于"解"，以"解惑"为目的，解说难点，指点迷津。

运用讲授技能的重要前提是吃透教材，了解学生，做到有的放矢。讲授内容需紧紧围绕教学目的，突出重点、突破难点、深浅适度、分量适中，做到内容正确，少而精，具有严格的科学性和正确的思想性。在讲授过程中，要避免"满堂灌"，要与其他教学媒体相结合，适当穿插提问、练习、讨论、演示实验等其他方式；要运用启发式，调动学生感知、思维等多种心理技能，把教师的讲授和学生的活动结合起来。教师讲授的语言要力求准确、精练、条理、生动、形象，富有感染力和启发性，并注意运用表情、手势、体态语言，引起学生的兴趣，使学生精神集中、思维活跃，以增强讲授的效果；要把深奥的理论形象化，抽象的东西具体化，复杂的概念简单化，使学生产生感情上的共鸣，便于理解记忆。

讲授可以分为事实性知识的讲授和抽象性知识的讲授两大类型。

1. 事实性知识的讲授

事实性知识的讲授是教师以解释、解说、说明等方式讲授知识的一种基本教学方法，通常适用于解释字词，讲授难句，解说知识概念，解析史实典故，说明原理、法则，解答困惑疑难等场合。一般程序是：首先提出问题；然后叙述事实；再提示要点，进行分析、综合推理、判断、归纳概括，得出结论；最后通过回答、讨论、练习等形式核查学生的理解程度。

2. 抽象性知识的讲授

抽象性知识的讲授是教师从逻辑思维出发，以分析、归纳、判断、推理等方式对抽象的知识材料进行论证讲授的一种教学方法，通常适用于对科学原理、规律、法则、定理、公式等的推理和证明。从形式思维方式角度，抽象性知识的讲授可以分为归纳法和演绎法两种。

（1）归纳法。

归纳法也叫做归纳推理，其思维方式一般是由特殊到一般的推理，即用特殊事实来证明一般原理的一种推理。运用归纳法进行抽象性知识的讲授，是从感性到理性的思维过程，先列举事实，然后从中提炼出道理。一般程序是：首先提供感性材料；然后指导分析，采取完全归纳法、简单枚举归纳法或科学归纳法进行判断、推理，综合概括后得出结论；最后运用讨论、问答、练习等方式巩固、深化知识。

（2）演绎法。

演绎法也叫做演绎推理，是由一般到特殊的推理方式。演绎所依据的理由来自对特殊事实的归纳、概括，归纳的结论是演绎的前提，演绎离不开归纳。运用演绎法进行抽象知识的讲授，是从理性到感性的思维过程，先摆出原理，然后举例说明。一般程序是：首先提出概念，接着阐明有关术语；然后运用三段式、假言推理、选言推理等思维方式论证；再举出正、反实例说明验证;最后通过问答、讨论、练习等方法巩固、深化知识。

1.3 讲授技能的作用

讲授法是我国教学方法中最常用的方法。随着新教学方法的改革,很多人思考:讲授法会不会削弱?讲授是不是教师个人的舞台表演,是"独角戏"?其实从目前教学实际来看,很多新颖的方法是从讲授法引申出来的,关键是教师如何更好地调动学生的主动性。课堂教学离不开教师的指导,教师教学水平的主要体现就是讲授能力。教师生动的讲授,可使学生兴趣盎然,得到很多有益的启迪。讲授的作用主要体现在以下两点:

(1) 讲授具有传播知识的作用。

讲授是在学生原有知识结构的基础上将新知识和新方法传授给学生,引导学生感知、理解和运用新知识,形成新的认知结构的过程。合理运用讲授技能,能帮助学生明确学习活动的操作程序,包括外部行为的操作和内部认知的思维活动,使学生学得更主动、更规范、更灵活。

(2) 讲授具有隐性教育的作用。

教师教育具有示范性,讲授过程中,所分析的教学内容隐含着教师自己的思想意境、审美意识和价值观,能潜移默化、长期影响着学生的言行举止。讲授时应注重教师个人职业修养的塑造。

1.4 讲授技能的原则

(1)明确教学目标。

每个概念都是一类事物共同本质特征的概括,但它又是通过对大量事实的观察、分析、综合而形成的。因此,在进行概念讲授的时候,就不能被事物的非本质现象迷惑而陷于对各种现象的叙述、描述之中,必须对具体材料进行分析、综合,而明确具体的教学目标则为分析、综合指明了方向,以明确通过教学应该使学生掌握的事物的本质特征。

(2)明确教材中的基本概念。

基本概念是教学中的重点,讲授时需要通过对章节中概念系统的分析而逐渐明确其中的基本概念。

(3)明确概念的内涵。

明确地规定概念的内涵,是使学习科学地、正确地掌握概念的前提和基础。概念的内涵稍有变化,便会得出错误的结论。在讲授相似概念时如不正确地把握概念的内涵,极易发生错误。

(4)明确教学方法。

在讲授概念时,为了使学生正确地掌握概念,选择适当的教学方法是非常必要的。采用例证的方法还是直观演示的方法,用说明讲授的方法还是讨论或发现的方法,用演绎推理还是归纳推理,都要根据概念的特点和学生的特点恰当地进行选择。同时,还要特别注意如何

第 3 章　讲授技能

导入和结束。米琴尼尔用分化与泛化来说明概念学习形成过程中内容的组织及讲授的方法：在让学生学习某一组概念时，既要使学生能够对各概念之间进行分化，也要对组内事物进行泛化。

1.5　讲授技能的类型

（1）阐述性讲授，即回答"是什么"的讲授，包括举例说明、解释一个问题的含义、翻译性解释三种方式。举例说明，是指教师以例证的方式来阐述自己的观点或知识点。

（2）描述性讲授，是指通过描述一个过程或事物的结构要素等方式来讲授。

（3）给出理由的讲授，即回答"为什么"的讲授。这种讲授方式在教学过程中使用的频率最高，是追寻答案的一种常见的方式。

（4）以行为动作为中心的讲授，即是回答"怎么做"的讲授。这是以训练技能为中心的讲授，主要是指教师在告诉学生动作原理的同时，讲解完成动作的方法，即一边示范一边指导学生完成动作。

（5）启发性讲授，是指教师在为学生解答疑惑的同时，创设思考的情境，让学生在教师的启发下自己发掘答案。

第二节　案例展示

案例 1　杨氏之子（语文）

【课堂实录】

老师：这句话是什么意思，也不知道是吧？还有吗？其实刚才大家有问题，也不是整句话全都不会，就是个别字不知道是什么意思，是吗？我们集体来看一下，这句话"为设果"，这里面哪个字大家不知道它是什么意思？

学生："为"和"设"。

老师：大家不知道"为"和"设"是什么意思。这个"为"，好像注释里面没有，那我们现在看看这句话。[PPT展示"为设果"]先说说"设"，字典里面有三种解释。[展示 PPT]大家觉得这个"设"，在这里取哪个意思呢？

学生：第一个。

老师：那就是说"摆设水果"。那这个"为"是什么意思呢？

学生：给。

老师：也就是相当于"给谁摆上水果"。刚才大家也知道往里面加词，谁为谁设果呢？

学生：孩子为孔子。

老师：是孩子为孔子设果。那连起来这句话是什么意思？＊＊同学，你试试。

【专家点评】

教师为学生搭建学习了的平台。"学贵有疑",教师给学生质疑问难的时间与空间,而学生提出的问题正是教学的重点。教师再让学生利用字典的解释选择"为设果"中"设"的字义。这其中要联系上下文,是一种很好的学习方法。

案例 2　人民大会堂(语文)

【课堂实录】

老师:那我们就来分别看一看他是怎么突出人民大会堂雄伟壮丽的。先看正门。正门作者写了什么?作者通过正门看到了什么?

[学生踊跃举手,老师指定学生回答]

学生1:正门有庄严的国徽。

学生2:有大理石柱子。

老师:好,坐下。我们来看看是怎么描写国徽和大理石柱子的。在写国徽的时候用了哪个词语啊?

学生:庄严。

老师:形容国徽很庄严。然后呢?

学生:红底镶金,闪闪发光。

老师:我们来看一下国徽。[PPT中放映国徽图案,学生们很惊奇]很漂亮是吧,红底镶金,闪闪发光。[手指国徽]然后又描写了大理石柱子。我们把这句话找到。找到了吗?

学生:找到啦。

老师:大家齐读一下。

学生:12根淡青色的大理石柱子,每根都有六七层楼高,要四个人才合抱得过来。

老师:[PPT中显示刚才的话]我们再把这句话读一下。

学生:12根淡青色的大理石柱子,每根都有六七层楼高,要四个人才合抱得过来。

老师:这里面我们应该注意哪个地方,谁说一说?

[学生踊跃举手]

老师:放下手,我们看这两个地方。[手指PPT屏幕,屏幕中"六七层楼高"和"四个人才合抱"泛红显示]第一个"六七层楼高"。想一想我们现在上课的地方有几层楼啊。

学生:三层。

老师:我们这才三层就这么高,它有六七层高,比我们的两倍还要高。然后说它的粗,有多粗啊?

学生:四个人才合抱得过来。

老师:大家四个人试一下,感觉一下有多粗。

[学生们开始四个人试验]

第3章 讲授技能

老师：四个人才合抱得过来，又高大又粗壮。[手势比划高、粗]由这个地方可以看出人民大会堂……

学生：雄伟壮丽。

【专家点评】

(1) 以多种形式再现词语，做好词语的再现，效果好。

(2) 与学生一起抓住游览的线索，理清文章的层次与结构，这恰恰与文本本身线索清晰（过渡句明显）的特点相吻合。

(3) 围绕"从哪些地方感受到人民大会堂的雄伟壮丽"展开教学过程，体现整体到部分再到整体的学习规律。

(4) 教师注意抓住关键语句，引导学生用联系生活实际、对比等方法理解、品读、感悟。特别是一些图片的引入，拉近了农村学生与所要认识的事物之间的距离，丰富想象，丰厚认知，升发情感。

建议：关注学生学习的积极性与学生课堂发言习惯。

案例3　平方差公式（数学）

【课堂实录】

老师：两个数的平方差结果应该是两数之和乘以两数之差。只要具备这个特点就能用这个公式。下面老师给出几道小题，你们来做一下。这些式子能否用平方差公式分解，为什么？[PPT 展示 $-9x^2+y$，$16a^2-1$，$0.25m^2+n^2$，$-a^2-b^2$]小组讨论一下。

老师：有结果了吗？第一个谁说？

学生1：第一个不行，因为第一项是平方的，第二项不是。

老师：那两个项首先应该是平方的形式，对吧？

学生：对。

老师：那老师再提个小问题，如果这道题改成 $-9x^2+y^2$，能用吗？

[学生有"能"与"不能"两种意见]

老师：＊＊同学，你同意哪个？

学生2：能，因为如果它们两个换一下位置，就变成 y^2-9x^2 了。

老师：这两项不满足那个基本条件的时候，＊＊同学说可以给它们互换位置，变成 y^2-9x^2。那么大家看，现在能用了吗？

学生：能。

老师：是两个数的平方差。现在应该等于什么了呢？这个式子想用平方差公式首先得是 a^2-b^2 这个形式，对不？

学生：对。

老师：那么大家想一下，在这个式子中谁相当于那个 a？

学生：y。

老师：那个 b 呢？

学生：$9x$。

老师：$9x$ 吗？

学生：$3x$。

老师：大家看，减去 b 的平方，谁的平方？大家看 9 是谁的平方？

学生：3 的。

老师：这个是 x 的，所以应该是 $3x$ 的平方，对不？再看，y 相当于 a，$3x$ 相当于 b，所以它应该等于两数之和乘以两数之差，应该等于什么？

学生：$(y+3x)(y-3x)$。

老师：好，来看第二个。

学生3：可以。因为它两项符合条件，它后面那个 1 可以变成 1 的平方，还是 1，所以它就可以用平方差公式。

老师：等一下，我写一下，第一步要先把它写成两数平方差的形式。

学生3：$4^2a^2-1^2$，然后是 $(4a+1)(4a-1)$。

老师：好了，大家看一下行吗？刚才这位同学说得特别好，有的同学说这个 1 写成 1^2 干什么？他首先是把它写成平方差的形式，把平方都恢复出来，非常好。下面看第三个。

学生4：我觉得这不行。

老师：为什么？

学生4：首先这两项是和的形式不是差的形式。

老师：好的。第四个呢？

学生5：不能，我觉得这个平方差公式是用以前的平方差公式"倒"过来的，而以前那个有个条件"两项必须互为相反数"，而这个不能。

老师：不可以是吧？那谁能从不同的角度解释一下？首项为负的时候怎么处置它？

学生：换位置。

老师：换位置行吗？大家看，当首项为负的时候，首先可以把负号提出来，提出来以后变成 a^2+b^2。这个负号不管，咱们就把括号里面这个二项式进行因式分解。能吗？

学生：不能。

老师：为什么？

学生：因为第二项是加号了。

老师：好了，下次记住利用它的特征来判别就行。下面，大家看，如果我现在让你们利用这个平方差公式进行因式分解，你们会不会？

学生：会。

[让学生做书本上的四个练习题]

第 3 章 讲授技能

【专家点评】

通过练习的讲解及相关训练,培养了学生用整体思想解决数学问题的能力,同时随着难度的逐渐加大,给学有余力的学生提供了展示的空间。但是,如果在此设计一道先提公因式,再应用平方差公式进一步分解的小题,就可以把两种分解因式的方法有机地结合,揭示两者之间的联系。

教学过程中,教师通过四道小题来帮助学生认识平方差公式应用于分解因式的条件,其中有能用的,也有不能用的;然后让学生做教材提供的四个练习题(都能够用平方差公式分解因式)。这样是不是能够很好地促进学生对应用公式的条件呢?这是值得我们思考的一个重要问题。

还有一种方式就是:在解释了平方差公式的条件特征后讲解较为复杂(结合提取公因式)的因式分解时,再要求学生来分析不能用公式的条件的问题。这样的教学是否更符合学生学习的特点呢?

如果从学习的归纳机制来讲,学习就是归纳的过程,也就是学生通过对类似的数学活动经验进行归纳,认识到其应用条件。在此过程中,归纳必须建立在有类似的数学活动经验的基础上。如果一会儿可以分解,一会儿不能分解,那么这种类似经验的建立可能会受到影响(好学生的影响可能小些)。

另外,应用公式的条件实际上是很难用语言来表达的。对应用公式的条件的认识是较为模糊的,是要通过学生在应用平方差公式分解因式的过程中去体会的。对辨析是否能够应用平方差公式的四道小题中的第一小题,学生就出现了分歧。从数学上讲,如果我们在这里过分强调了其不能应用平方差公式,那么可能会造成负面影响。试想:当 y 为正数的时候,这个式子是可以用平方差公式进行分解的。

案例 4 平方差公式(数学)

【课堂实录】

老师:那你们下次可要注意啊。看下一个 x^4-16。这个不具体做,你们告诉我怎么做就可以了。

学生 1:后面那个 16 变成 2^4。

老师:嗯,把它变成 2^4。然后呢?

学生 1:等于 $(x^2+2^2)(x^2-2^2)$,然后等于 $(x^2+4)(x+2)(x-2)$。

老师:对吗?

学生:对。

学生 2:不对,不应该分解 2^4,应该直接分解 4^2。

老师:大家看,这位同学有点异议啊,他说 x^4-16 可以直接写成 $(x^2)^2-4^2$。这样可以吗?

学生:可以。

老师：来做一下。那么大家看一下这两个有什么区别。大家想一下：到$(x^2+4)(x^2-4)$时和前面其实有大的区别吗？

学生：没有。

老师：对，没有。2^2是几？

学生：4。

老师：这个呢，也是。到这以后还得再分解它，没分解完，对不？朝下再做就可以了。好了，我再把这个16换成1行吗？

学生：行。

老师：换成1，答案就是什么？

学生3：答案应该是$(x^2+1)(x+1)(x-1)$。

老师：对吧？特别好。大家来看x^4-y^2这个式子。

学生4：这道题应该得$(x^2+y^2)(x+y)(x-y)$。

学生：错了。

学生4：应该是$(x^2+y)(x+y)(x-y)$。

学生：错了。

老师：大家看，是不是有思维定式了？

学生：对！

老师：刚才做的全是4次方的，现在我悄悄地把这个4改成了2。大家看一下，我这个是不是$(x^2)^2-y^2$呀，那正好应该等于什么？

学生：$(x^2+y)(x^2-y)$。

老师：那么到了这以后还能分解吗？

学生：不能。

老师：为什么不能了？

学生：因为这没有平方。

老师：在这儿的时候注意第三点，是什么？

学生：注意指数。

老师：对，注意指数。如果能够再分解就朝下分，如果不能了呢就结束。看下一题。大家刚才做的都属于第一类：a^2-b^2或者a^4-b^4。大家看，里面都是单项式。如果老师给它换成多项式，还能不能分解呢？

学生：能。

老师：可以把第一个换成多项式，还可以两个都是多项式。那么大家考虑一下：这样的题应该怎么做？〔给出题目：$(a+b)^2-9$〕

学生4：可以把$(a+b)$看成一个数，然后……

老师：一个整体？

学生4：对，看成一个整体，然后把后面那个9变成3^2，再用平方差公式就是$(a+b+3) \cdot (a+b-3)$。

老师：大家看是不是这样的，这个是$(a+b)$的平方，9写成3^2，所以结果等于$(a+b+3) \cdot (a+b-3)$。

【专家点评】

当然如果从突出重点而言，前两道例题会对重点的突出产生一定的影响。作为第一节课而言，例题的选择应以应用平方差公式分解因式的例题为好。但是，这不是绝对的，如果我们教的学生，都能够很快、很好地掌握方法，那么这两个例题就可以起到很好的思维灵活性的培养作用了。因此，例题的选择要充分考虑学生学习的能力。

案例5 函数图像的平移（数学）

【课堂实录】

老师：咱们类比沿y轴上下平移的方法，得到这三种方法。＊＊同学，虽然你最后结果错了，但你说一下你的思路。

学生1：我先在直线$y=2x$上取了两点，然后把这两点向右平移3个单位，再根据这两点坐标写出平移后直线的解析式。

老师：你为什么是取了两点，而不是三点？

学生1：因为两点就可以确定一条直线。

老师：对，两点就可以确定一条直线，所以我们没有必要取三点。

老师：大家说，这种方法可以吗？

学生：可以。

老师：但＊＊同学为什么做错了呢？来，＊＊同学分析一下你自己错了的原因。

学生1：我把沿x轴平移和沿y轴平移混了。

老师：所以，沿x轴平移和沿y轴平移一样不一样？

学生：不一样。

老师：下次做题一定要看清楚。这是第一种方法。好，＊＊同学，现在你来说一下你的思路。

学生2：$y=2x$，所以原来直线的横坐标是$x=y/2$；平移以后是x向右平移3个单位，也就是$x=y/2+3$；而y轴不变，所以就有$2x=y+6$，$y=2x-6$。

老师：但是如果考试中写成这样是不是太简洁了？所以我们要适当地加上一些话。比如：答题首先要写上"解"，然后把"因为……所以……"的逻辑推理都写清楚。该写的话都写清楚！大家谁还想到了这种方法？

[部分学生举手]

老师：我们把这种方法叫做方法二，其转化的思想是：由y上下平移想到x左右平移，

所以将 y 转化成 x，平移后再还原 y。其实对于这种转化的思想，我们在前面介绍二元一次方程组和二元一次方程时都已经学过，所以我们要注意知识的前后联系。好，我们再来看看第三种方法。

学生3：因为是平移，所以两条直线的距离 k 相等。因此这个解析式就还原成 $y=2x+b$，然后只代一点坐标就可以了。

老师：所以这就作为方法三。由平移想到平行，由平行想到 k 相等，然后代入一点坐标值求出 b 就可以了。

老师：还有其他方法吗？

学生：没有了。

老师：好，那我们暂时就先用这三种方法。今天我们解决的第一个疑团是：一次函数图像沿 x 轴平移和沿 y 轴平移是否一样？

学生：不一样。

老师：对，不一样，所以做题时一定看清楚是沿 x 轴平移还是沿 y 轴平移。然后方法一样不？

学生：一样。

老师：对，只不过上下移动时，变的是纵坐标；左右移动时变的是横坐标。

【专家点评】

图像向左平移与向右平移，在解法思路上没有本质的区别，讲完向右平移后联想到向左平移是非常自然的。教师把小结设计成让学生谈体会，一改过去教师独白的做法。师生共同完成课堂小结，体现了教学的民主。但在总结上下平移和左右平移的规律时，显得较为匆忙。事实上，当自变量系数不为1时，左右平移常常会弄错，因此向学生揭示平移的本质规律时应当充分强调才是。

案例6 作文教学——我的理想（语文）

【课堂实录】

老师："理想是人生的起点，有了起点才知道下一步要做什么。"说得多好啊，我们每个人都应该有自己的理想。在交流课中我们交流了自己的理想是什么，并且大家把它进行了预作。那么你们是按照怎样的一个习作的要求去进行预作的呢？大家打开书，看一下第三单元习作的要求。谁来给大家读一读？

学生1：在做了交际的基础上以"我的理想"为题，完成一篇习作，要写清楚自己的理想是什么，为什么有这样的理想以及怎样准备去实现理想，注意运用从其他学科学到的材料以丰富习作的内容。

老师：嗯，这个习作要求对你的预作有什么帮助？

学生1：这个要求让我们知道怎么写。

第3章 讲授技能

老师：怎么写？写什么？

学生1：写理想，写为什么有这一理想。

老师：嗯，请坐。其他同学呢？＊＊同学，对你有什么帮助？

学生2：这个要求对我的习作帮助是，告诉我们是以"我的理想"为题。

老师：首先，我们知道了题目，是以"我的理想"为题目。接着说。

学生2：告诉了我们这篇习作的内容。

老师：内容是什么？接着说。

学生2：自己的理想是什么，为什么会有这样的理想。

老师：还有吗？

学生2：怎样实现理想。

老师：怎样去做，对吧？这是我们要写的内容。还有吗？其他同学呢？对你还有什么其他的帮助吗？

学生3：知道了开头怎么写。

老师：开头怎么写？你怎么知道的呀？

学生3：就是"你的理想是什么"。

老师："是什么"还是内容，你开头就写了你的理想是什么，对吧？＊＊同学，你接着说。

学生2：方法，告诉我们方法。

老师：什么方法？

学生2：告诉我们运用从其他学科学到的材料。

老师：运用其他学科学到的材料，对吧？这是方法，丰富我们写作内容的方法。好了，那么在预作的过程当中你有什么问题或者产生什么困惑没有？

学生2："为什么有这样的理想"写不好。

老师："为什么有这样的理想"写不好，是吗？其他同学呢？

学生3：写"中间的事"总写不好。

老师："中间的事"写得不好，还是"中间的这个部分"？

学生：嗯。

老师：我看有多少同学是"中间的事"写不好？

老师：好，把手放下。嗯，看来大家的问题还真是出现在"中间的部分"。你们的问题在你们的习作当中也反映出来了。那么老师归纳了一下大家的问题主要有两点：第一点是，能够把自己的理想表达出来但是表达的方法比较单一；第二点是，不会运用从其他学科学到的材料或者身边的人和事来表达自己树立理想的原因，也就是"中间的这个部分"大家总是写不好。对不对？

学生：对。

老师：好。实际上啊，出现问题并不可怕，你们在写作中会出现问题，老师在写作中也会出现问题,甚至那些写作大家他们也会出现问题。要想完成一篇好的文章,最重要还是要进行修改,所以这节课就来修改我们的这篇预作——我的理想。好,请大家拿出你们的预作来。看一看自己的预作,自己的理想是什么,是怎样表达的。谁愿意给大家读一读?

学生4:《我的理想》:每个人都有自己的理想,有的人想当医生,为人治病;有的人想当老师,培育人才;而我只想当一名士兵,为国家……

老师:停,就到这里。你的理想是什么?

学生4:当兵。

老师:你为什么选择这样的一个表达方法?你觉得这样的表达方法好吗?有什么好处吗?

学生4:可以和其他人进行对比。

老师:哦,可以和其他人进行一个对比,是吧?好,他认为有这样的好处。其他同学呢?觉得他这个开头的好处是什么?

学生4:他使用了开门见山的方法,比较简洁。

老师:对,开门见山比较简洁。嗯,其他同学呢?﹡﹡同学,你来读读你的。

学生5:《我的理想》:理想像导航的灯塔,我们每个人都应该有自己的理想。我的理想是当一名运动员。

老师:你觉得你这篇的开头怎么样?

学生5:我觉得就是开门见山。

【专家点评】

学生预作是学生原认知的体现,教师根据学生预作发现问题,并根据习作要求进行有针对性的指导,由于问题真实地来源于学生,所以教师的指导就具体明确。习作指导的课堂教学模式符合新课程下小学生习作的"练笔"性质。

把平时积累与切身体验结合起来,在积累中学习语言,在学习中积累语言,这就避免了学生只把理想作为空洞的口号,为优化学生习作内容作好铺垫。

案例7 动荡不安的中东(历史)

【课堂实录】

老师:今天在学习新课之前我想先请同学们看一幅漫画,[PPT呈现漫画]同时给大家提一个问题:这幅漫画说明了什么问题?它重点反映了一只什么?

学生:鸟。

老师:是一只鸟。这只鸟的嘴里衔着一片橄榄叶,可以看出它是一只鸽子。提到鸽子可以想到鸽子象征着和平。那么,这只破壳待出的和平鸽为什么不立刻从壳里出来而是问了一句话"现在可以出来了吗?"呢?大家可以看到这只破壳待出的和平鸽它置身的环境是什么?

学生:中东。

老师:那么这幅漫画说明了什么问题?哪位同学说一下?

第 3 章 讲授技能

学生 1：中东现在没有和平，非常动乱。

老师：好，中东现在没有和平，非常动乱。我们这节课学习的内容就是"动荡不安的中东"。请大家打开课本第 74 页。

老师：提到"中东"这个概念，我觉得大家应该不陌生，因为我们在地理课上已经学过。现在我就给大家呈现一幅关于中东的地图，[PPT 展示中东的地图]请一位同学结合地理课上学过的内容给大家介绍一下中东。

学生 2：中东是一个五海三洲的国家，它周围围着五个海，北边邻黑海和里海，西边邻地中海、西南邻红海、南边邻阿拉伯海。

老师：根据你的介绍，大家知道中东还有一个别称，它被称为"五海三洲"。那么从这个地理位置来看，它应该是指哪个海的东面和南面？

学生：地中海。

老师：那么为什么把地中海的东边和南边叫做中东呢？大家知道这个概念的由来是和什么人有关吗？

学生：欧洲人。

老师：对，欧洲人把他们自己居住的地区作为一个中心，然后依次再向东方的地区叫做中东。大家来看一下这段介绍吧！[PPT 展示中东的介绍]请一位同学来读一下这段介绍。

学生 3：中东地区泛指地中海东岸和南岸地区。因为西方国家以欧洲为中心，按距离远近把东方各地分别称为"近东"、"中东"、"远东"。现在所说的中东一般包括埃及、巴勒斯坦、叙利亚、伊拉克、约旦、黎巴嫩、也门、沙特阿拉伯、科威特、阿曼、土耳其、伊朗等国家，总面积为七百多万平方千米，人口一亿多。

老师：好，请坐。刚才有同学也提到了中东地区有"五海三洲"之名，那么我再考大家一个问题：这是什么海？[老师指向中东地区的地图]

学生：里海、黑海、地中海、红海、阿拉伯海。

老师：这是哪几个洲？

学生：亚洲、欧洲、非洲。

老师：这是"五海三洲"之地的由来。除此之外，作为"五海三洲"的中东地区，它有一个非常重要的交通枢纽，谁知道是什么？

学生 4：是苏伊士运河。

老师：嗯，对，非常好！提到苏伊士运河，大家来了解一下地理位置。[PPT 展示]给大家一段关于苏伊士运河的文字介绍，＊＊同学来给大家读一下。

学生 5：苏伊士运河全长 173 千米，河道可通过 15 万吨满载的游轮和 37 万吨的空船。从我国广州经苏伊士运河到西欧比绕道好望角缩短 9000 千米，时间可缩短半个月，大大提高了经济效益。苏伊士运河是世界上最繁忙的运河。

老师：好，请坐。所以通过这两方面，大家可以看出中东地区它的地理位置非常重要。

那么除了地理位置重要之外,中东地区还有一个特点,谁知道是什么?

学生:石油资源。

老师:对,石油资源非常丰富。大家现在看到的是世界石油资源分布图。[PPT展示]在我们课本第74页,课题下给出了一个图来反映中东地区的石油分布。大家可以把这两幅图对照着看一下,你们会发现中东的石油非常多。那么我们通过一个饼状图来了解一下它的石油状况。首先来看石油储量,中东地区占了多少?

学生:65%。

老师:对。石油的年产量呢?

学生:31%。

老师:而作为石油的出口量,中东地区占多少?

学生:45%。

老师:由于中东地区特殊的地理位置和丰富的石油资源,使得任何一个强国都不敢轻视中东地区,尤其是欧美国家都竭力向中东地区扩张。20世纪以来,尤其是第二次世界大战之后,中东地区的冲突一直在不断地加剧。在这个过程中最严重的是阿拉伯与以色列的冲突。所以咱们这节课第一个问题就来了解一下阿-以冲突。

【专家点评】

中东地区的问题比较复杂,学生也不甚熟悉。教师在讲授本课内容时,先引导学生了解该地区的地理、经济等方面的情况,是十分必要的。教师这样的教学设计很好,有利于学生理解有关中东地区的史实。

案例8 平方差公式(数学)

【课堂实录】

老师:上节课我们已经讲过因式分解的第一种方法,是什么方法?

学生:提取公因式法。

老师:对,提取公因式法。那么大家想一想:在利用提取公因式法时,它的关键是什么?

学生1:它的关键是找公因式。

老师:找时应该注意什么?从哪几方面找?

学生1:从系数找,找这几项系数的最大公约数,然后字母是找字母指数最小的。

老师:那么我问你:$2x^2-2y^2$ 里面,你找指数最小的那个是找 y 吗?

学生1:不是。

老师:应该是找什么?

学生:要找相同字母的。

老师:要找相同字母指数最小的。然后还有一项是什么?

学生1:还有就是单个字母不用。

第3章 讲授技能

老师：大家再想一想，你先坐下。咱们再想一想，简单地回忆一下。第一，应该要找所有系数的最大公约数。第二，找相同字母指数最小的。第三，要找相同因式，也是找它指数最小的。对吧？好了，那么现在我有一道小题让大家来看一下。大家看这道题利用提取公因式法怎么做，大家一起来说吧。

学生：第一步，当首项为负时，要先把负号提出来，应该是$-(3ax^2-12ax+3a)$。第二步，找公因式，按照刚才您说的步骤来找：3，12，3 它们的最大公因数是 3；再去找相同的字母 a，指数就是 1。这个里面剩 $3a\times x^2-3a\times 4x+3a\times 1$，把 $3a$ 提出来括号，里面剩下 x^2-4x+1。

老师：好，到这就结束了。那么在这儿的时候我们上次也说过，当你得到最后结果时，一定要检查一下最后结果是否能够再分解因式，一直到分解到不能再分为止。是不是这样的？

学生：是。

【专家点评】

本节课是应用平方差公式分解因式，教师的引入过程是先复习提取公因式法，然后提出了 x 与 y 的平方差的因式分解问题。这一过程可以做些改进：将提取公因式法复习和平方差公式引入结合起来，引导学生去分析和讨论解决这个问题。无论学生能否解决这个问题，都应注意渗透数学思维方法的教学，如要求想一想与这个式子有关的代数式变形方法。因此，我建议：先复习提取公因式法，然后要求学生讨论 x 与 y 的平方差是否可以进一步分解。如果学生没有结果，那么教师要从思维层面进行，要求学生想一想与之有关的数学知识和方法，看从中能否得到一些启发；如果学生讨论后有结果，那么教师可以要求学生解释怎么想到用平方差公式的，然后通过小结来揭示这一思维方法：扩大联想范围，想一想与此相关的知识和解决问题的经验。

第三节 应用指导

3.1 讲授技能的注意事项

（1）运用丰富的实例，使学生充分感知。

在讲授概念时，应使学生从各种情景中接触概念，以便于其接受和理解。在导入一个概念时，最好使用大量的事物、事实或事例等，并作必要的说明，使得有关事物连续出现，相同的刺激重复出现，以易于区分哪些是重要的属性而哪些是次要的属性。讲授概念的理想方式是先教给学生一些典型的问题，识别出哪些是概念的主要属性，然后再教一般事物，最后识别特殊事物。

（2）集中力量突出重点，抓住本质特征。

在处理重点与非重点关系时，要把力量集中在解决重点问题上，使重点能够引人注意，而非重点放在一般情景之中，这样才能使学生的注意力集中到重点内容的学习上。

(3) 联系已学知识,加深理解记忆。

当学生学习一个新概念时,要尽可能地与以前学过的知识联系起来。这样不仅为学习新的概念奠定了基础,也有利于对概念进行分化,较深入地理解新概念,从而也易于使所学的知识系统化。

(4) 同时显示多种事例,便于分化、泛化。

在让学生形成概念的时候,同时显示多种事例比逐一地间断显示效果更好。同时显示内容能更好地比较、区分出各种具体事物的不同特征,从而减轻了学生记忆的负荷;而间断地显示事例,不能把多种事例放在一起比较,记忆也比较困难。

(5) 显示相反事例,及时巩固应用。

在通过显示概念所包含的各种事例来从中分析抽象出概念的时候,不能仅仅显示与概念特征相一致的事例,也应显示与其特征相反的事例,尤其是一般容易弄错或混淆的事例,这样更能明确概念的内涵和外延。

(6) 教学方法多样,为学习创造有利条件。

根据学生的学习心理特点,在讲授事例或让学生自我体验的同时,应让学生观察有关的事物、挂图、标本、模型、幻灯片、电影、电视等,提供感知的条件,促进对概念的理解。这种感性的经验,不仅可以使学生轻松愉快地进行学习,而且便于掌握概念的本质。但是,任何教学方法都有一定的局限性,不能适用于一切年龄段的学生的教学和任何教学内容的教学。由于学生年龄的差异、知识经验的宽度及课题内容性质的不同,所运用的教学方法也应有所不同。教学方法的运用要能促进学生个性的发展,满足不同个性特点的学生所需。

3.2 讲授技能评价量表

我们设计了如下的讲授技能评价量表,以便于教师及师范生对讲授技能进行评价:

课题							
科目		年级		课型		评价人	
评 价 项 目						评价成绩	参考权重
吐字清楚、声音洪亮、速度节奏适中							
围绕中心、突出重点、层次分明、思路清晰							
具有科学性和思想性,实事求是,从客观存在出发							
调动学生学习的积极性、主动性,激发学习动机,善于设疑							
感情充沛,讲究教学口语,善于体态语言							
善于把握教学的重点和关键内容的运用强调							
合理与其他技能相配合							
时间安排紧凑、得当、合理							
总　成　绩							

第4章 提问技能

第一节 技能概述

1.1 提问技能的概念

一直以来,人们就很重视将提问技能运用到教学中。我国古代教育家孔子就常常用富有启发性的提问进行教学,他主张教学要运用"叩其两端"的追问方法,引导学生从事物的正反两个方面去寻求知识。公元15世纪,苏格拉底将提问技能作为研究教学法(谈话法)的基础。提问技能是实现教学反馈的方式之一,是师生相互作用的重要途径,是启发学生思维的重要方法和手段。因此,提问在教学中具有重要的意义和作用,尤其是在课堂教学中。

提问是指教师在学生已有知识和经验的基础上,依据教学内容,向学生提出适当的问题的教学行为方式。教师通过提出问题来检查和了解学生对知识的理解程度和技能的掌握程度,帮助学生巩固知识、运用知识,鼓励和引导学生深入思考问题、得出结论,从而获得知识,发展学生思维能力,实现教学目标。在教学过程中,提问是教师与学生交流时经常用到的一种重要且复杂的教学技能。

课堂教学是教师和学生的双向互动交流的活动。师生之间的互动交流包括内隐和外显两种形式。提问作为保证课堂教学有效进行的重要条件之一,是一种最常见的互动交流方式。提问是教学活动的重要组成部分,是教师在教学时经常使用的一项基本技能,也是教师组织教学必备的基本功。教师要善问,讲究提问的技巧,提问的适宜性、针对性直接影响着教学质量。教师可以通过具有一定引导、启发性的问题激发学生的兴趣和想象,激励学生思考和实践。这样也有利于培养学生的创新意识和创造性思维。不讲究提问的技巧,没有目的性地随意提问,不但不能正确引导学生进行学习,而且还会使学生对问题产生盲从,导致无法达到教学目的。

1.2 提问技能的作用

提问是教师课堂教学的重要手段,也是贯彻启发式教学的有效形式。对教学提问功能的全面认识,有助于教师富有成效地在实践中运用教学提问手段,并逐步使教学达到艺术化的境地。教学提问的作用主要有以下几个:

(1) 提示学习重点。

通过提问,可以帮助学生注意和理解教材的重点和难点,掌握学习的方法。在教学中,针对学生理解有困难的内容,教师要运用提问技巧,引导学生分析那些起关键作用的材料和信息,串起内容的主要线索,帮助学生突破难点。合适的提问,也能引起学生对"盲点"内容的重视和注意,有利于提示和引导学生注意"盲点"内容,以促进和加深对学习内容的理解。

(2) 集中学生注意力。

在课堂上,当教师提出一个问题时,学生的注意力往往会高度集中。一个有意义的问题能够使学生投入到积极寻求问题答案的状态中,积极展开紧张的分析和思考,从而产生一种紧迫感,保持对所学内容的高度注意。学生或独立思考,或相互讨论,整个过程都可以保持注意力高度的集中。

(3) 激发学习兴趣。

课堂提问能激发学生浓厚的学习兴趣和强烈的求知欲,从而引发认知的需求和学习的兴趣。教师提出的有意义问题能使学生积极寻求问题的正确答案,充分调动学生思考问题和回答问题的积极性。另外,学生在思考和探索问题的过程中,加深了对问题的认识和理解,体会到探究的愉悦,而且在得到教师对其积极的回应后,学生会进一步增强学习的兴趣。

(4) 启发学生思维。

学生的思维是从问题开始的,疑问是思维的第一步。教师可以根据教学内容的需要,结合学生认知结构的特点,在教学过程中巧妙地设置一系列具有启发性和探索性的问题,使学生的已有知识与现有问题发生矛盾,从而探究解决问题。不同类型的问题可以激发学生不同类型的思维。启发学生的思维,培养思维能力,是教学提问的主要功能。

(5) 提高课堂参与度。

在课堂教学中提出问题,不管是教师向学生提出问题还是学生回答问题或质疑,都可以给学生提供参与讨论、发表意见、流露情感、锻炼语言表达的机会,这不仅有助于发展学生的组织能力和表达能力,而且为学生更好地参与课堂创造了有利条件。

(6) 提供教学反馈。

课堂提问可以通过教师提问、学生回答的形式,使师生双方都能接收到对方的反馈信息,从而为进一步调整双方的活动提供参考。教师可以通过提问,了解学生对知识的理解程度,检查学生对所教的重点内容的掌握情况,探明学生知识链条上的漏洞和产生错误的原因,全面掌握学生的个别差异和个性特点,反省自己教学中的不足或错误,灵活地调整教学活动;同时,学生也可以通过答问,获取学习状况的反馈信息,在学习中不断审视自己,改进自己的学习态度、方法、习惯等,使自己的学习活动更富有成效。

1.3 提问技能的结构

从教师最初提出问题,引导学生的反应或回答,到师生相互交流,导出符合题意的回答,

第4章 提问技能

并对学生的回答给予分析和评价,这个过程称为提问过程。提问过程可分为以下四个阶段:

（1）引入阶段。

教师用必要的、不同的语言、动作、表情来引入即将提出的问题,可使学生对提问做好心理上的准备,引起对教师提问的注意。因此,提问前要有一个明显的界限标志,表示将由语言讲解或讨论转入提问。此阶段教师常用的教学语言有:"同学们,下面让我们共同思考这样一个问题……"、"好,通过上面的分析,请大家思考……"、"下面这个问题有一定的难度,看看谁可以回答"等。

（2）陈述阶段。

在引起学生对提问注意之后,教师要用清晰、准确的语言把问题陈述出来,并对所提问题做必要的说明和提示。在陈述阶段,教师应注意如下三个要点:

① 集中点题:引导学生理解要提问的问题,使学生能承上启下地把新旧知识联系起来。例如,"大家还记得我们之前学习的……知识么?"

② 陈述问题:清晰、准确地把问题表达出来。陈述时,要适当地把语速放慢一些,以便学生清楚教师提出的问题。

③ 提示结构:提示学生有关答案的结构。如提示时间、空间、过程顺序等作为回答的组织依据。

（3）介入阶段。

在学生回答问题有困难、不能作答或回答不完全的时候,教师应当适时介入,以不同的方式鼓励、引导、启发,帮助学生回答问题。这一阶段教师的介入行为主要包括以下五个方面:

① 核查:核对查问学生是否明白问题的意思。

② 催促:鼓励学生尽快做出回答或完成教学指示。

③ 提示:提示问题的要点、关键或答案的结构,帮助学生做出完整的回答。

④ 重复:在学生没有听清题意时,重复所提出的问题。

⑤ 重述:在学生对题意不理解时,教师用不同词句重述问题或重新表达一次问题。

（4）评价阶段。

当学生对问题做出回答后,教师需对学生所做的回答进行评价。教师可以以不同的方式处理学生的回答,主要有以下几种方式:

① 重复:重复学生的答案。

② 重述:以不同的词句复述学生的答案。

③ 追问:根据学生回答中的不足,追问其中的要点。

④ 更正:纠正错误的回答,给出正确的答案。

⑤ 评论:对学生的回答进行评价。

⑥ 延伸:依据学生的答案,引导学生思考另一个新的问题或更深入的问题。

⑦ 扩展：对学生的答案加入新的材料或见解，扩大学习成果或展开新的学习内容。
⑧ 核查：检查其他学生是否理解学生的回答。

1.4 提问技能的原则

讲究课堂提问艺术，对于启发学生思维，活跃课堂气氛，提高课堂教学质量有着重要的意义。在设计问题和提问过程中都应当遵循提问的原则。提问的原则主要有以下几点：

（1）全面性原则。

全面性原则是指在课堂提问中让全体学生参与到问题的解决过程中。提问要面向全体同学，面向不同认知水平的学生和同一认知水平的不同学生，调动每一个学生思考问题的积极性和主动性，让每个学生都参与到教学过程中，切忌忽略一部分学生。提问要让所有学生先进行思考再回答，这样不但可以增加学生回答问题的准确性，而且有利于调动全体学生的积极参与度，使每个学生都感到自己有机会回答问题，同时还可以培养学生的思维能力和习惯。问题的设置既要考虑一定的难度和跨度，同时还应注意到大多数学生的认知水平，所设置的问题应能让大部分学生经过分析、思考后可以回答。在某些情况下可以适当地通过逐步增加问题的坡度来增加问题的广度。

（2）适宜性原则。

提问的适宜性是指提问要符合适度、适量、适时三个准则。

适度是指在设计课堂提问时，问题的难易程度要适合大纲的要求和学生的实际水平，即应把握分寸，难易适当，符合学生认知水平。一般地，问题要求的知识与学生已有的知识结构完全相同，凭记忆可以解答，则问题过易；问题要求的知识与学生已有知识结构实质没有联系，则问题过难。无论问题过易或过难，都会使大部分学生茫然失措，这样都无益于问题情境的创设，难以激发学生的思维兴趣。问题所需要的知识与学生已有知识结构应有一定的联系，但不一致，才有利于学生集中注意力积极思考，运用旧知识学习新知识。因此课堂上的提问要难易适度，要符合大部分学生的学习水平，同时要注意在不同的知识环节上设置问题其难易也要有差别，对同一个知识的提问也应当注意设置问题的梯度，由易到难，尽量使各个层次的学生都有机会回答问题。

适量是指问题的内容量及问题的数量要适当。一个问题所包含的内容多少，一项教学内容涉及的问题数量多少，一次提出问题的数量多少，应根据教学目的、内容以及学生的实际而定。问题包括内容过多，只会使学生无所适从，而达不到教学目的和预期的效果。

提问要适时，是指提问要与学生的思维同步，符合学生的思维规律。首先，从教学内容方面来看，要选择合适的知识点和适当视角作为问题的切入点。问题切入点的设计是否合理，关系到整个课堂的结构和成败。如何选择问题的切入点呢？通常，应选在知识的重点、难点和关键处，如新旧知识的衔接处、过渡点以及容易产生矛盾和疑难的地方。其次，从课堂教学的时间把握上，应选择合适的时机。教学过程中教师要根据课堂的实际情况适时以适当的方式提出适当的问题,以便更好地活跃课堂气氛,把握课堂节奏,激发学生的学习兴趣。不同时间的提问往往会收到不同的效果。上课开始时的提问可以集中学生的注意力;上课过程中的提问可以疏通和理顺学生的思路,引导学生的思维方向,开阔学生的思维视野;课堂结束时的提问可以消除学生的疲劳。

(3) 启发性原则。

启发性原则是指提问要富有启发性,能激发学生进行独立思考,即善于利用提问来引导和启迪学生由浅入深、由近及远、由此及彼地思索、探求,以培养学生的探究精神和习惯。如果提问时不注意启发性,即使提问的方法、技术和策略再高明,也只能是形式上的变化,而不能达到本质的提高。因此教师要深入钻研教材,把握重点、难点和关键,通过创设问题情境,多设计一些富有启发性的思考题,为学生创造思考的机会,在提问中培养学生独立思考的能力。另外,在熟练掌握教材的基础上,还要了解学生,掌握每个学生的具体情况,针对学生的情况因势利导,这样才会使提问达到预期的效果。

(4) 灵活性原则。

灵活性原则是指课堂提问应灵活把握。首先,必须抓住提问的最佳时机,注意时效性。例如,可以在学生自学前提问、思维停滞时提问、课堂沉寂时提问、学生注意力分散时提问等。其次,也要从形式上灵活把握。提问可以采取各种类型,如疑问、设问、反问等,而每一种提问方式的作用及所能达到的效果都是不同的。因此,在课堂上,设计的问题尽量要多用几种方式,这样才能更加体现课堂的灵活性,活跃课堂气氛,让学生在轻松和愉悦的氛围中进行学习。此外,教师应充分考虑到各种情况,根据情况的变化,有针对性地提出问题,不能忽略课堂的实际情况,按部就班地用课前设计好的问题进行提问。提问要针对千变万化的课堂教学,例如学生在回答问题时不可能全部正确或者出现各种问题,如果学生不能立刻回答出问题,要多用一些引导、铺垫性的问题进行引导。

(5) 激励性原则。

激励性原则是指教师应在学生回答完问题后及时给予激励评价。对于创造性的回答,要予以赞扬;对于正确的回答,要予以表扬,尤其是对那些有进步的学生;对于胆怯的学生,要予以鼓励;对于一时答不上来的学生,要予以激励,希望下次能回答好。这样可以使不同层次的学生都对本学科产生兴趣。只有通过不断鼓励来培养学生的学习兴趣,才能让学生积极主动地学好知识。要鼓励学生,教师就要有亲切的态度,让学生敢于发表自己的见解和不同的意见,充分展示学生的个性;要认真听取学生的回答,运用适当夸张的语气和鼓励、赞扬的语言去激发学生的求知欲。

1.5 提问技能的类型

(1) 根据提问的水平分类:

教育家特内根据布鲁姆的《教学目标分类学》的基本思想提出了根据提问的水平分类的

教学模式,也即"布鲁姆-特内教学提问模式"。在这种提问模式中,教学提问被分为由低到高四个水平,每一水平都与学生不同类型的思维活动联系。具体如下:

① 知识(回忆)水平的提问。

知识水平的提问可用来确定学生是否记住先前所学的内容,如定义、公式、定理、具体事实和概念等。这一水平的提问是最低层次、最低水平的提问,它所涉及的心理过程主要是回忆。学生对这类提问的回答通常可以用正确或错误来进行判断,其内容不超过先前所掌握的知识范围。知识水平的提问极为重要,但如果过多地使用,会限制学生的独立思考,不利于学生思维能力的发展。这类提问一般用在课堂开始或者对某一问题论证的初期。在这类提问中,教师常使用的关键词包括"是谁、什么是、哪里、什么时候、写出"等,目的是使学生回忆所学过的概念或事实,为学习新知识提供材料。

② 理解水平的提问。

理解水平的提问要求学生能理解所学知识的含义,能独立表述所学知识,能对照或比较知识或事物的异同,能将一种知识转化为另一种知识。学生要正确回答这一水平的提问,就必须掌握所提问题涉及的知识。在理解水平的提问中,教师经常使用的关键词包括"用自己的话来叙述、比较、对照、解释"等,目的是帮助学生组织所学知识,理解含义。

③ 应用水平的提问。

应用水平的提问要求学生能将所学的知识应用在实际问题当中,对问题进行分类、选择,以确定正确答案。对于这种类型的提问,教师经常使用的关键词包括"应用、运用、分类、选择、举例"等,目的是鼓励和帮助学生应用已学知识去解决问题。

④ 分析水平的提问。

分析水平的提问要求学生进行批判性思维,能分析资料,由此确定原因并进行推断。在分析水平的提问中,教师经常使用的关键词有"为什么,什么因素,得出什么结论,证明,分析"等,目的是让学生学会分析知识的结构、事物之间的关系或事情发展的前因后果。

(2) 根据教学提问的信息交流形式分类:

美国的查尔斯·C·蒂诺把教学提问分为如下五类:

① 特指式提问。

特指式提问是指对某个特定的学生直接发问。这种方式可以提高学生的注意力,用于检查个别学生的学习效果。

② 泛指式提问。

泛指式提问不先确定某一个人来回答,其目的是引起全班同学的思考,期望学生有多种答案。

③ 重复式提问。

重复式提问是指在某个学生提出一个问题后,教师重复这个问题,让别的学生来回答。这种提问可以调动学生质疑和解疑的积极性,突出教学的重点和难点。

第4章 提问技能

④ 反诘式提问。

反诘式提问是指教师在提出问题后学生不能正确回答,教师并不急于纠正其错误,而是针对其错误回答提出反问,使学生重新思考问题,逐步意识到自己认为正确、完善的答案是错误的,得出新的、正确的结论。

⑤ 自答式提问。

自答式提问是教师提出问题,让学生思索一下,然后教师给出答案,并不期望学生回答的一种提问,其常用来实现教学内容之间的过渡。

第二节 案例展示

案例1 拒绝不良诱惑(思想品德)

【课堂实录】

老师:爱表现错了吗?

学生:没错。

老师:好。**同学,你来说一下。

学生1:他选择的方式不对。

老师:也就是说,他这种思想是对的,有好奇心,如果用在学习方面是有意义的,选择在别人面前显示自己,是一种积极的、要求进步的表现,他错在了方法上和选择的途径上。好,第二个问题,吸烟、吸毒的危害有哪些? **同学,你来说说。

学生2:我们中学生正在发育,吸烟、吸毒会使我们发育不良,还有吸毒会使家里倾家荡产。

老师:好,她说了两个方面:第一个方面,我们中学生正在发育阶段,所以说吸烟、吸毒对我们更加有害,明显不同于成年人,吸毒的危害是最大的。第二个方面,影响了家庭。第三个问题,对我们有哪些启示? **同学,你来说说。

学生3:永远不抽第一支烟。

……

老师:这样,从我们自己来说,应该有所想法。对于这种不良诱惑的控制,我们学校在内部做了努力。学校做了哪些工作啊?

学生4:改善了食堂的伙食。

学生5:饮食的种类增多了,保证我们同学的饮食健康,使我们的身心得到健康的发展,从而更加搞好我们的学习。

老师:学校付出了很大的努力,那我们在这方面应该如何去做?

学生6:在看到这些小商贩的时候,我们不接近他们。

老师：不接近是指什么？
学生6：不去看，绕开。
老师：也就是说，身体远离。
学生6：还有，想买什么想吃的，到有营业执照的地方去买。
老师：身体上远离了，我觉得还远远不够，还应该……
学生7：应该从心里就厌恶这些东西。
老师：为什么厌恶？
学生7：因为是垃圾食品，吃了可能会中毒。
老师：卫生上保证不了，所以应该从自身对垃圾食品的厌恶上，从而从心理上远离这些诱惑。这是第一个离我们身边特别近的实例。我们再看第二个。

【专家点评】

教师善于引导学生的思维，讲求溯本求根，调动学生参与的积极性，在活动中体验，在体验中感悟。如设计问题：爱表现错了吗？（吸烟原因分析时的追问）；学校为什么这样做？（利用学校在保证学生免受校门口小商贩的不良诱惑所做出的种种努力，通过思考，使学生思想上认同、明确学校的做法无疑是在保护学生健康成长，只有让学生思想上认同，才有可能使学生在行为上做到自我约束，才能达到教育的效果）

案例2 风筝（语文）

【课堂实录】

老师：好，同学们都读完了。围绕着风筝写了哪些内容？你来说。［示意＊＊同学］
学生1：围绕着风筝写了做风筝、放风筝和找风筝。
老师：大家同意不同意？
学生：同意。
老师：写了做风筝、放风筝，还写了找风筝。看一下课文，第几自然段写的是做风筝？同学们一起说。
学生：第二自然段。
老师：放风筝呢？
学生：第三自然段。
老师：找风筝呢？
学生：第五到八自然段。
老师：同学们，在童年的回忆中，有趣的事情很多很多，作者为什么偏偏选择放风筝这件事来写？你来说。［示意＊＊同学］
学生2："童年的时候，这些孩子最大的快乐就是做风筝、放风筝"，我是从这句话知道了他们童年最大的快乐是做风筝、放风筝的。

第4章 提问技能

老师：真是一个会读书的孩子,他是从哪找到答案的?

学生：第一自然段。

【专家点评】

教师在请学生回答问题时,主要是使用了"你来说"的指令,有点容易让人产生教师不太了解、认识学生的感觉。因为往往是在借班上课的时候,教师由于不认识学生而只好用"你说"来替代。毕竟直接称呼学生的姓名会让学生感受到老师的认可,显现出教学过程中师生关系的亲切感。这或许是教学中的一种隐性教育价值的体现。太多的"你说"缺少了教学中的一种"我们感",也使教师语言显得与学生有距离感。希望能有所注意。

案例3 乘除两步解决问题(数学)

【课堂实录】

老师：非常好!你说得特别好!＊＊同学请坐。他说得特别完整,谁还能再来说一遍?你来说。

学生1：第一步,2乘以9等于18,单位是盆,是在求一共有多少盆花。第二步,18除以6等于3,单位是个,是在求一共需要多少个图案。一共有18盆花,每6盆花摆一个图案,一共可以摆3个图案。

老师：非常好!你们看你们在解决这个问题的时候,一共有几盆花,直接告诉你们没有?

学生：没有。

老师：直接告诉没有?

学生：没有。

老师：那要想解决最后的问题,却没有告诉一共有多少盆花,是不是缺少一个数学信息?当遇到这样的情况,即缺少一个数学信息的时候,我们必须先求出这个缺少的数学信息,才能解决最后的问题。那么解决这样的问题,我们关键要找到哪个信息呀?关键得找到什么?＊＊同学,你来说。

学生2：关键得找到学校一共运来多少盆花。

老师：也就是关键要找到缺少的那个数学信息,是不是?这也正是我们这节课要学习的新内容——用乘除两步计算来解决实际问题。

[板书要解决的问题]

老师：你们帮老师解决了这个问题。那么老师也想考考大家:如果请你来摆图案的话,你打算几盆花摆一个图案?想一想:能摆出几个图案?还是这18盆花,你打算几盆花摆一个图案?能摆几个?＊＊同学,你来说。

【专家点评】

这道"摆花题"和前面的新知识完全不同,新授内容是"先求分,再求和",而这道题是"先求和,再求分",但在解题思路上是相通的。教师能够让学生去独立思考、得出结论,这样非常好。同时,"你还有不同的摆花方案吗?"这个简单的问题发散学生的思维,能够培养学生从不同的角度去考虑问题,非常好!

案例 4　认识钟表(数学)

【课堂实录】

老师:好,咱们看看,淘气的小表针它又动起来了。[切换时钟到 3 点半]这时候,时针又指向了哪儿?分针又指向了哪儿?这是什么时间?好,那位女同学,你说说。

学生 1:分针指向了 6,时针指向了 3 和 4 的中间,这个数就是……

老师:这是什么时间?有认识的吗?

学生:有。

老师:好,这位女同学,你来说。

学生 2:嗯……3 点。

老师:3 点?请你再说一遍。

学生 2:3 点半。

老师:好,谁还想再说说?好,那位男同学,请你说。

【专家点评】

在提问一个学生,学生不能回答出答案时,教师要避免用"叫另外一个学生回答来帮助不能回答的学生"的方式,因为这个学生不能回答出答案的障碍,很可能也是其他有问题的学生的障碍。通过教师对这个学生的启发和引导,很可能帮助解决大多数学生的问题,这就是教师的教学。而让会回答问题的学生说出正确答案,对有问题的学生的帮助并不大。

案例 5　杨氏之子(语文)

【课堂实录】

老师:课文中说呀,梁国杨氏子九岁,甚聪慧。课文中哪些句子说了这个意思?这样吧,大家再读读课文,你们默读课文,看看哪些句子说了杨公子甚聪慧,把这样的句子找出来。

[学生默读课文]

学生:儿应声答曰……

教师:从这句话可以看出来他很聪明,怎么看出来的?哪个词可以看出来?"应声"是什么意思?

学生:很快地回答,不假思索地回答。

教师:刚才发现同学们说的时候,大多数都可以顺着把文章的意思说出来。有人说,会提问的孩子,会发现问题的孩子是最会学习的孩子。大家的问题呢?

第4章　提问技能

学生1：我不知道"儿曰"是什么意思。

教师："儿曰"是什么意思？刚才我们说"曰"是什么意思？是"说"的意思。那"儿曰"就是"儿子说"。＊＊同学，你来说一下你的问题。

学生2：我不明白"果有杨梅"是什么意思。

教师：不知道这句话是什么意思，一会儿我们看看。＊＊同学，你呢？

学生3："为设果"，我不知道是什么意思。

教师：不知道这个是什么意思。还有问题吗？

学生4："此是军家果"是什么意思？

教师：这句话不知道是什么意思，对吧？还有问题吗？

学生：我不明白"为闻孔雀是夫子家禽"是什么意思。

教师：这句话是什么意思也不知道，是吧？还有吗？其实刚才大家有问题，也不是整句话全都不会，就是个别字不知道是什么意思，是吗？来，我们集体看一下。

【专家点评】

学生理解文言文的意思之后，教师从内容入手，引导学生通过读文，找出描写杨公子的句子。教师问学生：哪些句子说了杨公子甚聪明？这是理解这篇文章的关键所在。在句子理解训练中体会人物语言的心理与妙处，在训练中发展学生的思维。

教师为学生搭建了学习的平台。"学贵有疑"，教师给学生质疑问难的时间与空间，而学生提出的问题正是教学的重点。

案例6　封闭图形（数学）

【课堂实录】

教师：结合等腰三角形的特征和锐角三角形，他这个是正确的。这个"任何梯形都有一条对称轴"呢？

学生1：是错的，因为直角梯形就没有对称轴。

教师：那你能说说什么样的梯形有一条对称轴吗？

学生1：等腰梯形。

教师：对不对？

学生：对。

教师：那咱们想一下：咱们说的这些封闭图形哪些有一条对称轴？

学生2：等腰三角形。

教师：还有等腰三角形。那咱们想一想：还有哪些是两条的？

学生3：长方形。

教师：长方形是有两条的。还有呢，什么是三条的，有吗？

学生4：等边三角形。

教师：等边三角形。还有没有四条的啊？

学生5：有，正方形。

教师：对，正方形。还有没有更多的啊？

学生：圆形。

教师：对，圆形。圆有无数条。那咱们现在想一下：平行四边形有没有对称轴？

学生：没有。

教师：肯定没有吗？

【专家点评】

(1) 每一个问题都有一定的指向性，带领孩子们走向教学目标。

(2) 逐渐启发学生，层层设问，引发思考，挺好！

案例7 商不变的性质（数学）

【课堂实录】

[PPT展示 $6 \div 3 = 2$（个），$60 \div 30 = 2$（个），$600 \div 300 = 2$（个）]

老师：看看这组算式，你发现什么？**同学，你说说。

【专家点评】

教师在这里提出：看看这组算式，你发现了什么？从学生的角度，为了激发孩子的兴趣，我觉得可以换个形式：咦！桃子的数量明明多了，猴子怎么还说少呢？这样学生同样也会去观察这些算式，但具有情境化的问题更能吸引孩子去思考。

案例8 重力（物理）

【课堂实录】

老师：上一节课我们学习了力。首先我们来回忆一下，上一节课我们学习的力的三要素。谁来告诉我力的三要素都有什么？**同学，你来说。

学生1：力的三要素是大小、方向和作用点。

老师：回答正确，请坐！除了力的三要素，我们还学习了力的作用效果。力的作用效果有两条。**同学，你给大家说一下。

学生2：力的作用效果是可以改变物体的形状和运动状态。

老师：这是我们上一节课学习的内容，大家都复习得非常好，希望大家继续坚持。这一节课我们学习新的内容。大家先来看一段宇航员在太空中生活的片段。

[学生观看视频，大约3分钟]

老师：在我们观看这个片段的时候，大家会想到一些问题，比如：画面上这个人物是谁？大家知道是谁吗？

学生：杨利伟。

老师：看来大家都非常关心我们国家的航天事业。杨利伟为我们国家的航天事业作出了很大的贡献。除此之外，我们还会想到另外一个问题：为什么飞船中的物体会飘浮在空中？这个问题我们先不回答，学习了今天的内容之后，大家自然会得出答案。我们一起来观看生活中常见的几个现象。

【专家点评】

由视频提出的问题很好，学生会有思考、探究、解释的欲望。此时如果沿着学生的思路（或者继续启发学生寻找思路）往下分析，一直到承认行不通时，可进入原因寻找（例如是思路的问题还是某个分析的具体环节出了问题。如果是思路的问题就再另寻解决思路，再重新进入分析……一直到问题解决）。这样就形成一个完整的启发教学过程，而且是以学生为主体的。但是本节课所用的处理，客观上终止了学生思维的欲望，从而把原本的启发变成了启闭。虽然在实际当中，本节课的这一处理方法是常见的，但是理论上不是可取的。

第三节　应用指导

3.1　提问技能的注意事项

提问不仅是为了得到一个正确的答案，更重要的是让学生掌握已经学过的知识，并利用旧知识解决新问题，或使教学向更深的层次发展。为了使提问达到这些预期的目的，教师还必须掌握提问的要求。提问的要求主要有以下几点：

（1）清晰与连贯。

提问应做到表达清晰、语义连贯，必须事先精心设计，尤其是在进行高级认知提问时，这一点尤为重要。这就要求教师在设计问题时对所提问题进行仔细推敲，不但要考虑所提问题与教学内容的关系，还要考虑学生是否能够理解和接受。对于某一问题，教师可能认为是简明、清晰和连贯的，而对于学生来说，由于基本知识和理解能力的限制，就可能认为其在概念上是混乱的，从而无法达到应有的教学效果。

（2）停顿与语速。

在进行提问时应有必要的停顿，使学生做好接受问题和回答问题的思想准备。适当的停顿可以让学生进行思考，提问后的停顿时间可以成为学生做多种回答的信号。停顿对教师和学生都有一定的意义。教师在停顿期间可以观察学生非语言的肢体动作或情绪反应。停顿时间的长短同样可以为学生提供一定的信息，停顿的时间较短，表明问题简单，要求迅速地做出回答；停顿的时间较长，表明问题比较复杂，要求从多方面来思考问题。

提问的语速由提问的类型所决定，低级认知提问由于问题比较简单，可以用较快的速度叙述；高级认知提问一般是针对比较复杂的问题，除应有较长的停顿时间外，还应仔细、缓慢地叙述，以使学生对问题有清晰的印象。如果以较快的节奏陈述比较复杂的问题，学生很可能听不清楚题意,就会造成沉默。

(3) 分配与指导。

在任何一个班集体中,学生的问题理解能力及性格特点等都各不相同。有些学生理解能力强,并善于发表自己的见解,他们往往在教师提出问题后能很快举手要求回答,教师对答案也比较满意。这样教师对他们的注意较多,乐于让他们回答问题。有些学生理解问题并不慢,但不愿意积极回答问题;还有一些学生成绩较差,又不善于表达,他们一般不会举手回答问题或根本不想回答。为了全面调动每一个学生学习的积极性,让他们主动参与到教学中,教师必须对提问进行适当分配,关注每一个学生的反应。在进行分配时,要考虑性别的平衡。

指导主要是对不愿参与交流的学生的指导。在进行提问时,总有一些学生不愿参与讨论,这时教师可以提出一些简单的问题,引导他们参与活动。如果这部分学生做出了回答,则应当表扬和鼓励,并且把他们的答案引入讨论之中,使他们看到自己的价值。如果他们不能回答,也应给予鼓励和提示,不能伤害其自尊心。对于不愿意参与讨论的学生,进行指导有利于学生的进步。

(4) 提示和探寻。

在提问时,为开拓学生的思路,更好地回答问题,需给予学生一些提示,引导学生进行探寻。

提示是由为帮助学生而给出的一系列暗示所组成的。当学生回答不完全或有错误时,为了使答案完整、正确,就需要对学生进行提示。提示的目的主要是使学生的回答要点突出,指示解决问题的方向以及引起学生的进一步思考,以便学生能更好地回答问题。一般提示应注意以下几个方面:

① 提示学生回忆已学过的知识或生活经验;
② 提示学生理解已学过的知识;
③ 提示学生分析、思考回答问题的根据和理由;
④ 提示学生应用已学过知识解决问题;
⑤ 提示学生通过思考产生新的想法;
⑥ 提示学生进行判断和评价。

3.2 提问技能的误区

(1) 忽略提问态度。

教师在提问时的态度对学生的回答会造成一定的影响。教师在提问时应注意态度要端正,不要注重提问而忽略提问时的态度。另外,教师在提问时不应用食指或教具指着学生,应手心向上请学生起立回答。在学生回答问题时,教师应当耐心倾听,尤其是学生回答得不正确时,也不要急于打断学生。

(2) 忽略提问目的。

提问的目的有很多种,可以是检查学生的学习效果,激励学生参与教学,调动学生利用已有知识来解决问题,引导学生进行创造性思考,诊断学生的学习能力,估计学生对某一学习任务的准备情况,确定教学目标所达到的水平,激发学生兴趣,等等。提问目的不明确或盲目的提问对于教学是无意义的。

(3) 忽略提问技巧。

在课堂教学中提问同样需要技巧。教学过程中设置问题需要一定的技巧,不能按照教学设计的预定设计进行,要根据课堂教学的情况及时调整、灵活运用提问技巧,要把握最佳的提问时机。例如,在教学内容的关键之处、学生认知矛盾的焦点之处可以适时应用提问,而且提问设计要简明扼要、难度适中。

3.3 提问技能评价量表

我们设计了如下的提问技能评价量表,以便于教师及师范生对提问技能进行评价:

课题					
科目		年级	课型	评价人	
评 价 项 目				评价成绩	参考权重
提问目的明确,紧密结合教学目标					
问题具有启发性,激发学生积极思考					
问题难度适宜,符合学生认知水平					
提问时机灵活,有效促进课堂教学					
问题表达清晰,语言简洁,停顿适当					
提问指导恰当,有利于学生思考					
强化提问技巧,正面鼓励评价					
总 成 绩					

第 5 章 板书技能

第一节 技能概述

1.1 板书技能的概念

板书是教师为辅助课堂口语的表达而写在黑板(或投影片)上的文字符号。板书又包括板画。板书技能是教师利用黑板(或多媒体)以凝练的文字语言和图表等形式,传递教学信息的行为方式。从内容上分,板书包括:高度概括课文内容的挈领提纲,即正板书;正板书的补充或者脚注,即副板书。板书能使学生对课文内容理解得更深刻、掌握得更牢固,强化课堂口语表达的效果。从采用的手段上分,板书包括传统板书和电子板书。对于现代多媒体的运用,教学采用现代手段、网络媒体的情况会更多,电子板书已成为一种板书的常用形式。电子板书要求先对教学内容进行板书设计,不能过于烦琐。作为教学手段之一,电子板书也不能舍本求末,因为板书只是一种形式,是为教学内容服务的。

无论哪种板书,都必须涉及两方面的技能:板书什么和怎么板书。这要求教师在设计板书时必须根据教学任务和板书的效果,按照文路,结合思路和学路,使板书具有直观形象、画龙点睛、概括总结、强化启发的作用。

1.2 板书技能的作用

教师在课堂教学中,主要是通过语言和板书来讲授知识。讲解是用字音说话,板书是用字形表示。好的板书能提纲挈领、系统完整地概括一节课的主要内容,理清教材的脉络,导开学生的思路。教师板书时边讲边写,字体工整规范、排列整齐,或用彩色粉笔加以标识,简明扼要、语精字妙,既赏心悦目,又能对教学起到画龙点睛的作用。板书能帮助学生更好地理解和掌握教学内容,便于学生笔记,为学生复习功课提供良好的条件。学生可以联系板书复习功课,既方便,又易记。因此,板书是课堂教学的重要手段,是教师必须掌握的一种教学技能。一般说来,板书有以下的作用:

(1) 集中学生的注意力,引导学生的学习思路。

作为一种信息的输入,通过教师书写,可以引起并保持学生的有意注意。讲授新课时,教师先进行课题的板书,目的是把学生的思路集中到授课内容上;然后围绕课题有条理地讲

第5章　板书技能

授,同时边讲边板书课文的要点,引导学生的思路。

(2) 帮助学生理清教材的知识与发展脉络。

好的板书可以突出文本的思路或公式、原理的推导过程,理顺知识线索、事态的发展及层次。对于重点、难点的内容,可以通过板书让学生加强理解,从而使其领会教师语言和文本含义。

(3) 可以一定的文字或图表作为思考的支撑点。

板书目的之一是引起学生的思考,提高其分析、推理的能力。这可以以多种方式来体现,除了文字上的重点之外,在图表的设计和选用上也要直接、美观。

1.3　板书技能的原则

(1) 示范性原则。

板书的示范性原则是由教师职业特点决定的。教师教学具有榜样示范作用,教师的板书应符合科学性、准确性的要求。板书的书写格式、书写顺序要符合文字规律,用词准确。板书整体设计要干净、美观,有助于学生养成良好的习惯。

(2) 启发性原则。

板书一般是用简单的文字或图表来概括文本的逻辑顺序,事态的演变过程,所以教师往往用概括化的词来板书,而学生根据这些信息,进行思考、分析、推理,再加以概括,进一步掌握知识、锻炼能力。因此,板书应具有启发性,这样才能有助于学生进行思考和分析。

(3) 条理性原则。

板书的条理性有利于学生在语文阅读、写作、逻辑思维方面得到提高。被选入课本的内容一般都具有较强的逻辑性,板书要体现文本的内在顺序;同时还必须突出板书过程的条理性,哪些先写,哪些后写,哪些边说边写,在整个课堂教学中都要合理安排。

(4) 趣味性原则。

板书的形式可以多样化、灵活化。为了帮助学生理解课文、巩固知识,在设计上可以考虑以简洁、幽默的语言和图表高度概括,使学生产生思考的意愿和兴趣。从整体上讲究美观,图文并茂,以特色、新颖的设计吸引学生,从而使其产生学习兴趣。

(5) 直观性原则。

从整体感官来看,板书是教学内容的全面概括,具有直观效果。从各种感官获取的信息量来看,视觉获得信息占总量的 80%。板书就是依据人们通过视觉器官获取信息的特点,以视觉直观获得对知识的理解。

1.4　板书技能的类型

板书的形式是多样化的,设计也因文而异,因人而异,大致有提纲式、精要式、表格式、线索式、板画式几种类型。

1. 提纲式

提纲式是最常见的板书类型,是以解释教材内容结构为主的板书。它按课文和教师的讲解顺序,把重点、要点以简洁的文字概括出来,突出课文的主要脉络,以纲带目。以边讲解边板书的方式引导学生学习,这是目前运用最多的方式。这种板书提纲挈领,简明扼要,便于学生从总体上掌握教材的结构特点和脉络层次。

2. 精要式

精要式板书是以呈现围绕一定中心的关键性词语及概念为主的板书。它以最准确、最关键的词语点出课文的核心,高度浓缩,用简单的词语勾勒课文的主线,内容相当精当,起到画龙点睛的作用。这种板书有助于学生通过教材,尤其是通过概念理解教学内容,有利于加强对学生的概念理解、字词句基础知识学习和精当用词的基本训练。

3. 表格式

表格式板书运用表格突出特点,对近似或相反的问题进行对比、归类。在容易混淆、近似或并列、对立的概念教学中,往往采用表格式板书,这样能起到准确理解、深刻记忆的作用。以对比的表格方式进行板书,主要出发点是认识事物之间的联系,引起学生思考,训练学生的思维分析能力,加深印象。通过比较,学生一目了然,产生鲜明的对比感。这种对比既可以是相同类的比较,也可以是不同类的比较。这种板书在讲授基础知识时较为常用。把有关的基础知识利用表格集中在一起,类目清楚,井然有序,便于学生归类比较,加深印象,掌握教材的内容和重点。

4. 线索式

线索式板书以展示教材内容逻辑联系或行文线索为主,它能帮助学生清楚地掌握各种概念之间的关系,理解教学内容。

5. 板画式

板画式板书通过使用恰当的符号,以示意图的方式将教材的基本概念、各部分内容的相互关系展示出来,呈现教材内容概貌,或明确事物方位、布局、结构等,以引起和强化学生的感知。其中所用符号可以是标点符号、批注符号、运算符号以及浪线、折线、箭头、圈点、方框等。板画式板书清楚醒目,容易记忆。

第二节 案例展示

案例1 斑羚飞度(语文)

【课堂实录】

[此节课的主要板书如图 5.1 所示]

第5章 板书技能

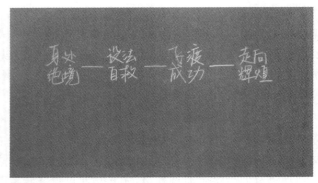

图 5.1

【专家点评】

教师边引导边板书概括"身处绝境——设法自救——飞渡成功——走向辉煌"。概括比较规范,但为什么这样概括,没有进行方法指导。

案例2 汉字输入(信息技术)

【课堂实录】

[此节课的主要板书如图5.2所示]

图 5.2

【专家点评】

不足之处:板书缺少课题。这节课的课题应该是"汉字输入法"。

案例3 湖心亭看雪(语文)

【课堂实录】

[此节课的主要板书如图5.3所示]

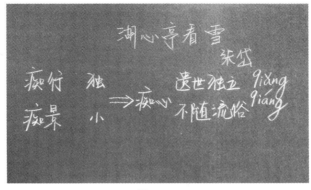

图 5.3

【专家点评】

板书设计精练简洁,提纲挈领,一目了然。

案例4　要是你在野外迷了路(语文)

【课堂实录】

[此节课的主要板书如图5.4所示]

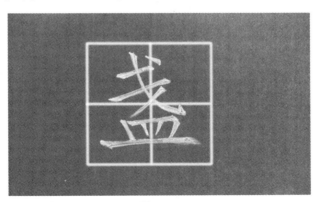

图 5.4

【专家点评】

"盏"是本节课要重点指导书写的生字。按照"先观察字形结构,再交流关键笔画的占位,然后教师范写,最后学生仿写、评价"这样的顺序指导学生书写,层次比较清楚。指导书写"盏"这个字的上半部分时,还可以借鉴学生会写的"浅"字的右边进行书写的迁移,下面的"皿"字底尽量写扁些,最后一横写得长些,要托住整个字。这样运用已有书写方法的迁移,应该对学生书写能力的提高会更有效。这位教师的板书十分规范。这节课的首要任务是扫清阅读的生字障碍,这也包括生字的书写障碍。有的教师就是喜欢借助计算机课件,利用投影来演示,其实这时利用板书会更好,教师可以边板书边讲解重点以及提示应注意的问题。教师的板书速度,完全可以由教师自己根据课堂上学生的需求来调节,这一点是课件做不到的。

第三节 应用指导

3.1 板书技能的注意事项

在板书时,应注意以下事项:

(1) 做好总体设计,即先写什么,后写什么,写在哪个位置,用什么颜色,这些事先要有一个整体设计。板书一般分主题部分和辅助部分,其中主题部分一直保留到讲课结束,辅助部分可随时擦除。到讲课结束时,黑板上留下一个精心设计的设计图,便于学生对一节课的内容有一个完整的认知,也有利于教师的教学小结。

(2) 注意文字、语言的规范性,字体书写应工整美观,用词简洁、清晰、准确。

(3) 板书整体要有启发性、条理性、间接性。

(4) 从教材内容出发,同时要与教学目的相联系;板书要结合课文的顺序设计。

3.2 板书技能评价量表

我们设计了如下的板书技能评价量表,以便于教师及师范生对板书技能进行评价:

课题						
科目		年级		课型	评价人	
评 价 项 目					评价成绩	参考权重
文图准确,有科学性						
层次分明,有条理性						
简明扼要,有简洁性						
书写(绘画)规范,有示范性						
重点突出,有计划性						
布局合理,有艺术性						
形式多样,有启发性						
讲写配合得当,有实时性						
运用灵活,有创新性						
总 成 绩						

第 6 章 演示技能

第一节 技能概述

在课堂教学中,演示是学生获得感性认识的重要手段,也是培养学生能力的一个重要环节。虽然演示在课堂教学中作为一种辅助手段,但是随着现代信息技术在教育中的广泛应用,演示也被赋予了更加丰富的手段和材料,演示的作用和意义也更加明显。因此,教师必须对演示有全面而深刻的理解,并掌握相关的演示技巧,以加深学生对知识的理解和掌握,更好地完成教学任务。

1.1 演示技能的概念

演示技能是教师在课堂教学中,为达到特定的教学目的,结合教学内容,恰当选择教学媒体,将所学知识的形态、特点、结构、性质或发展变化的过程等展现出来,把抽象知识具体化、直观化,从而促进学生理解教学内容或指导学生实际操作的一种教学行为方式。

演示技能的目的主要有:
(1)提供感性材料,帮助学生形成概念,从感性认识上升到理性认识。
(2)开拓知识视野,培养学生的观察能力和思维能力。
(3)让学生形象地掌握正确的操作技术和方法,激发学生的学习兴趣,培养学生的动手能力。
(4)强化各种教学环境。例如,运用演示导入新课,控制实验条件;演示掌握实验的关键点;通过演示实验启发学生的解题思路和方法;演示与讲解相结合以帮助学生领悟新知识和新概念。

演示技能是课堂教学不可缺少的基本技能之一。教师必须能根据教学内容和学生的认知特点,准确地选择演示的类型,并能按照有关要求熟练地进行操作、讲解,保证教学任务的顺利完成。

演示技能不能缺少演示媒体。演示媒体根据不同标准划分为不同类型。按照信息传递方式可以分为:单项表象媒体,如幻灯片、电视、录音等,它可以提供丰富的感性材料,传递大量信息;双向作用媒体,如反馈板、录像等,它由教师借助媒体传播教学信息,由学生反馈回来,实施评价、矫正、改进教学。按照媒体对器官的作用可以分为:视觉媒体、视听媒体、听觉媒体、触觉媒体、嗅觉媒体等。

1.2　演示技能的作用

演示技能主要具有以下作用：

（1）提供感性材料。

美国教育家布鲁纳说："教学应着重教学过程，而非教学结果。"学生认识有关事物，学习某些抽象的概念、规律时，必须从接触这个事物，获得感性知识开始。对于直接经验不多的学生，要建立一个概念，掌握一个规律，必须有个观察现象、重温经验以致产生印象，从而形成观念的过程，才能达到理解、巩固知识，并实现迁移。在课堂教学中，演示可以将课程中的抽象知识通过形象的方式呈现出来，使学生获得丰富、深刻、正确的感性知识。采取适合学生认识规律的方式演示，不仅为学生提供丰富的直观感性材料，还有利于突破难点和重点，促进学生理解和巩固知识，加快教学过程，提高课堂教学效率。如果没有丰富的感性材料为基础，学生的学习只能对抽象的概念和规律死记硬背，便会失去教育的真正意义。

（2）培养观察、思考的能力。

学生的学习是从观察开始的。观察是一种有目的、有计划、有思维参与的高级知觉过程。演示实验可以不受空间和时间的限制，把某些现象再现，深刻地揭示知识之间的相互关系，从而启发学生深入地思考，进一步寻求其变化规律。学生在教师指导下的观察，不仅要用感官去感知，还要用大脑去思考。观察的过程，既是知觉的过程，也是思维的过程，所以观察是学生认识事物的开始和源泉，观察中获得的丰富的感性材料为学生的学习创设了生动、形象的情境。演示可以引导学生从实际出发，实事求是地分析具体问题，学会由表及里、由现象到本质，并运用归纳、演绎、推理等方法去研讨问题。演示是培养学生观察、思考能力的重要途径。

（3）激发学习兴趣。

在课堂教学中，可以通过演示创设真实、生动的教学情境，巧设疑问，吸引学生的注意力，把外部诱因作用于学生，使其产生内部需要，激发学习兴趣，提高学习积极性和主动性，从而把学习积极性引向具体的学习目标。因此，在演示教学中，教学沿着"需要产生兴趣，理论强化兴趣，运用升华兴趣"的层次展开，把激发学生的学习兴趣贯穿于教学的全过程。演示实验是归纳、总结概念和规律的基础。有些概念和规律，无论教师如何努力讲解，学生也很难理解和掌握，而通过简单的演示实验，能用较少的语言，在较短的时间内，让学生理解和掌握这些概念和规律。

（4）增强实际操作能力。

在演示教学中，教师正确的实验操作，规范的示范动作都为学生的实际操作提供了良好的示范。例如，演示实验中教师在直观观察的基础上提出问题，控制变量，直到完成抽象概括的过程，使学生了解研究方法，培养了学生从实际出发、尊重客观事实和实事求是的科学态度。学生一旦掌握了正确的操作技术和观察方法,便可以独立地进行观察实验。在朗读作品时,教师能在如何准确地把握作品的主题和情感基调,如何准确读音断句,做到语句流畅、语气连贯、语速适度、节奏得当,怎样运用语调、语音的变化来传达作品思想感情的变化等方面做出示范,使学生正确地学习模仿。

1.3 演示技能的结构

运用演示技能可以在课堂教学中调动学生的所有感官。通过视、听、言、行的学习来达到教学目标,是最有效的学习方式之一。任何类型的演示都有一个过程,一般包括以下几个步骤:

(1) 心理准备。

在进行演示前要先向学生说明观察什么、为什么要观察、怎样观察以及观察中应思考的问题,让学生做好相应的心理准备。

(2) 出示媒体。

教师要按照操作规范将媒体呈现出来。媒体的选择很重要,要根据教学目的和教学内容的需要,学生的年龄特点和认知水平,学校的实际情况来选择。

媒体的摆放也很重要,需要考虑位置的高低、亮度、角度等。如果媒体较小,是巡回演示还是分组观察都需要事先做出计划。

(3) 介绍媒体。

在引导学生进行观察之前,要向学生介绍所用媒体的特点或结构组成。如果是实验演示,要介绍仪器以及操作步骤。

(4) 指导观察。

在进行媒体演示时,教师要引导学生进行仔细观察、积极思考,自己解决问题。有计划、有步骤地指导学生进行观察,思考现象与本质之间的联系,是媒体演示的重点。

(5) 提示要点。

无论是教师讲解还是学生观察,都是对现象和过程的具体了解过程。在这个了解的过程中,教师应当根据学生的反应情况,及时将关键点提示给学生。教师画龙点睛的提示是保证学生理解观察的前提,是达到学习效果的重要条件。

(6) 核查理解。

核查理解是通过观察和提问等方式来检查学生是否理解演示的内容及观察到的现象,是否掌握演示内容中的知识。

1.4 演示技能的原则

课堂演示是经常使用的教学手段之一,教师在课堂中恰当使用演示技能,不仅能激发学生的学习兴趣,有利于知识的理解和记忆,还可以培养学生观察、分析和理解的能力。要掌

握演示技能,必须掌握以下原则:

(1) 目的性原则。

教师在课堂中使用演示技能必须围绕教学目标展开,不能单纯为引起学生兴趣而演示。教师要根据教学目标来设计教学中的演示环节。在设计时要保证学生明确演示的目的和观察要求,要引导学生对演示的媒体、演示的步骤、观察到的现象进行仔细观察和积极思考,这样才能提高教学效果,达到演示的真正目的。

(2) 规范性原则。

课堂演示要具有一定的规范性。首先,演示的媒体和手段要做到规范,课堂中所演示的内容应具有典型性、准确性、可信性。其次,演示的操作必须规范。教师的演示一般吸引学生集中注意力,因此教师的操作必须正确,这样才能为学生提供正确的示范,让学生获得正确的知识、规范的操作方法。

(3) 安全性原则。

课堂教学中的演示,特别是实验演示,要注重安全性。例如,一些涉及燃烧等的实验具有一定的危险性,在演示时要注意安全。同时,教师在演示时,要讲解有关实验的要领以及操作不当带来的危害等,让学生按照规范的步骤和方法进行操作,防患于未然。

1.5 演示技能的类型

演示的类型根据不同的标准划分也不同。例如,可以分为简单演示、复杂演示;也可以分为静态演示、动态演示;还可以分为结构演示、过程演示;或者分为导入演示、讲授演示、巩固演示、结束演示。此外,也有按照演示手段和方式的不同分为五大类十三种,如图 6.1 所示。五大类即实体类、体态类、语言类、板画类、音像类;十三种即实物演示、标本演示、参观演示、模型演示、形体演示、表情演示、语音演示、板画演示、音频演示、图片演示、投影演示、视频演示、计算机演示,其中主要类型的说明如下:

1. 实物演示

实物演示是教师将与教学内容相关的客观物体直接展示在学生面前,让学生通过视、听、触、味觉获取直接经验和感性认识的演示方式。由于实物演示是直接将实物展示在学生面前,让学生感知、认识,因此具有直观性、真实性和可信性等特点,可以给学生留下深刻的印象。另外,实物演示会受到物体本身特点和时空等条件的影响,体积小、重量轻、安全稳定、便于观察的物体是演示的最佳选择,而对于体积和重量较大、缺乏安全及不稳定的物体,则不适合进行实物演示。一般而言,实物对于学生越陌生,则演示的意义和作用就会越明显。

2. 标本演示

标本演示是将经过选择、整理、固定等加工后形成的实物样本在课堂中进行展示,供学生观察、理解,以达到演示目标的演示方式。由于标本是对实物进行加工处理后的样本,比一般

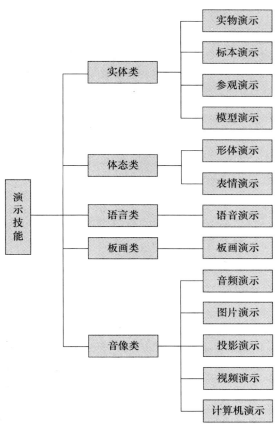

图 6.1 演示技能的分类

的实物更具有典型性,但比起自然状态的动物或植物实体,标本缺乏生动性和真实性。标本演示在生物课和自然课等课堂上的运用比较普遍。演示的标本要根据教学目标合理选择。

3. 模型演示

模型演示是教师根据教学内容的需要,向学生展示有关的模型教具,帮助学生认识和理解实物的形态、构造、原理等的演示方式。模型是实物原型的模拟和仿制,因此模型演示在真实性和可信性上不如实物演示和标本演示,但由于模型按照一定的比例制作,可以解决形体较大或较小的物体无法充分展示的问题。

4. 形体演示

形体演示是教师根据课堂教学内容的需要,用身体模仿、表演某种体态或形体动作,以达到特定教学目标的演示方式。形体演示方式常用于文学作品的人物形象分析教学。教师富于戏剧性的现场演示,对教学内容中的人物形象的某些典型行为和动作的模仿和表演,可以帮助学生认识人物的形象特点和性格特征,理解人物形象的意义,加深对人物形象的印象。

5. 表情演示

表情演示是教师通过面部活动和变化来模仿、示意某种神态和表情,以达到课堂教学的特定需要和教学目标的演示方式。在课堂教学中,教师需要一定的表情活动和变化来传达信息和组织调控教学活动。表情演示不同于一般的表情活动和变化,它不是教师本身的自然表情,而是教师根据教学的特定需要而表演和模拟出来的表情。表情演示方式受到演示内容、教师表演能力和教学场合等多种因素的制约和限制,一般只能演示一些简单的、片段的表情,而不能像真正的演员一样表演。另外,表情演示需要和其他的演示方式,如语音演示、形体演示等,配合使用才会达到特定的演示效果。

6. 语音演示

语音演示是教师为了达到特定的教学目标,用语言方式模拟、表演各种声音、语气、语调等的演示方式。语音演示既可以演示人发出的声音,也可以演示自然界的各种声音。在语文课堂教学中,语音演示主要以模拟演示人物声音为主,并且通常是在泛读课文或进行人物形象分析时使用。语音演示也常常和表情演示结合使用,以共同营造绘声绘色的演示效果。

7. 板画演示

板画演示是教师在课堂教学过程中,通过在演示板上画简单的图案、示意图等方式来展现、模拟某种画面、形态或过程的演示方式。画板演示的基本特点是方便快捷、易于操作。同时,由于受到基本手段和方式的限制,板画演示只适合于演示那些简单的情形和内容,对于复杂的内容或过程则无法充分演示。板画演示一般都是现场操作,要求教师具备基本的绘画知识和技能。

8. 音频演示

音频演示是教师在课堂教学过程中,使用音频设备来演示、模拟某种声音或音频效果,以达到教学目标的演示方式。音频演示在具体应用中常常作为背景音乐或背景声音与朗读、朗诵等配合使用,以营造特定的情境,引导学生进入特定的境界,从而取得相应的教学效果。

第二节 案 例 展 示

案例1 升华与凝华(物理)

【课堂实录】

老师:今天我们还是通过实验来介绍升华与凝华现象。这个实验分为两步:第一步,给试管中的碘加热,[老师拿出一支试管]加热到看不到碘颗粒的时候,停止;第二步,过一到两分钟后,把它浸入到冷水中冷却。在整个实验过程中,我希望同学们认真观察。观察什么呢？实验现象。注意，我们今天重点要观察碘，看看它在物态上会发生哪些变化。我给同学们提示一下，要关注三个阶段：第一阶段，在实验前，它是什么状态；第二阶段，在加热后，它是什么状态；第三阶段，冷却后，它又是什么状态。这些是我们在实验过程中要用心观察的。需要同学们注意的是，这个碘，它对人体是有害的，因此我们把它密闭在这个试管中。我们是用塞子来密闭的，在试验过程中，同学们要注意不要把塞子打开。下面我们就开始进行实验，实验结束以后，完成我们学案上和实验有关的活动。

［学生开始动手做实验，老师监督指导，大约6分钟］

【专家点评】

教师改进了演示实验。对于升华与凝华的实验，课本安排的是演示实验。为了让学生能主动参与课堂，有动手的机会，教师把演示实验变为学生实验。为了实验现象更直观，教师对实验仪器进行了改造。实验室有碘升华器，但由于重复使用，器壁上已经附着了固态碘，现在这个季节室内气温低，实验时，原来的碘还没来得及完全升华就有一部分气态碘凝华在器壁上了，新凝华的碘与原来器壁上的碘难以区分，凝华现象不明显。为了解决这一问题，教师放弃了碘升华器。教师在小试管中装入少量的碘颗粒，而为避免有害气态碘的逸出，再用塞子将小试管密封。经过改造后，碘的凝华现象非常明显。

案例2 光的直线传播（物理）

【课堂实录】

老师：光从光源发出来以后，是怎样向周围传播的？请大家想一想！有同学说：直线。那么，其他同学同意不同意这个观点？

学生：射线。

老师：从数学角度来说，大家用词特别好啊，但是我们是这样来说的：它是走直线还是曲线？

学生：直线。

老师：大家都这么认为的，对不？都是认为光从光源发出以后，沿直线传播的，是么？

学生：嗯。

老师：是！那么大家有了这个猜想以后，谁能帮助我，利用科学的方法来证明"光从光源发出来后是沿直线传播的"？在我这里有实验器材，给大家看一下。［老师准备实验器材］先看第一个位置，这里取一个烧杯，放一张纸条和一根火柴，然后这搁一个光源。

学生1：红外线。

老师：这个光源大家玩得很多，它能发出红光，对吧？我把它放在这，然后这里有一杯水，水里掺有一点儿肥皂。这里再放一个这个。另外，这里还有一个装置和玻璃块。大家想一想：光从光源发出以后，它在传播过程中可能经过几种物体？

学生2：很多种。

第6章 演示技能

老师：对，很多种。我们概括起来是几种？几类？

学生：固体、液体、气体。

老师：固体、液体和气体。我们只要证明光在固体中是沿直线传播，在气体中是沿直线传播，在液体中也是沿直线传播的，就可以归纳出它的传播是沿直线传播的，对吧？那么怎样验证它在气体中是沿直线传播的呢？想想怎样验证。有人会不？那么大家看，我要验证它在气体中沿直线传播，首先我得让大家在气体中看见这束光，对吧？那么我这样放，大家看得到这束光不？

学生：看不到。

老师：看不到。我怎样才能把它显示出来？

学生3：一边放个……

老师：怎么做？我这有张纸条，怎样做呢？我用火柴把这纸条点燃。燃烧起来了吧。我把它放进去，然后把它盖上。里面出现什么？

学生：烟。

老师：烟，对吧？现在我们大家再看，看到不？

学生：看不到。

老师：烟太浓了，我把它放出来点儿。好，现在我们看到了吗？

学生：看到了。

老师：看到了吧？那么里面沿什么传播？

学生：直线。

老师：是沿直线，看到了吧？

学生：看到了。

老师：好。所以，我们第一个实验证明了在什么当中传播？

学生：空气中。

老师：也就是说在气体中。我们再看第二个问题：讨论在液体中传播。液体取为水，我们看一下是不是沿直线传播。如果直接放干净的纯水，在空气中大家也是看不到的，所以我放了点儿肥皂。这样子，看到了么？

学生：看到了。

老师：看到了。是不是也沿着直线传播？

学生：嗯。

老师：那么还差什么的呀？

学生：固体。

老师：固体，是吧？固体我们选什么呢？

学生：玻璃。

老师：下面我们看，把它拿下来。为了实验操作方便，这里有这样一个装置。把它放在上面。把它放在上面以后,我们大家看,这里有一个支架。这里有一个玻璃砖,我要把玻璃砖放在上面。为了方便,把这个玻璃砖放在上面。我把这个往上挪挪,这是我放光源的一个支架。这个老这样放着,用手掐着不方便,我用胶条把开关给它粘上。然后,我把它放到这里面来。我们大家看,经过玻璃了么?

学生:经过了。

老师:经过了吧?看到了不?

学生:看到了。

老师:在玻璃内部沿什么传播?

学生:直线。

老师:沿直线传播。那么,我们能不能得出结论?

学生:能。

老师:能。谁给总结一下结论?＊＊同学,你说一下。

学生4:光源能在固体、液体、气体中传播。

学生:沿直线传播。

【专家点评】

教师结合知识利用课堂上的东西(教室设备、师生的人体和物品等)进行实验演示或展示,不但产生信手拈来的亲切和功底,而且体现物理就在我们身边。后者的持久体悟,会提高学生对物理的兴趣,也会对提高学习质量起到积极作用。

案例3 耳与听觉(生物)

【课堂实录】

老师:嗯,起到传导、传递的一个作用,很好。这是外耳的两个结构。再看中耳。刚才咱们说了,中耳包括鼓膜、鼓室和听小骨。这个鼓膜啊,是一个比较薄的膜性结构。薄,薄到什么程度呢?犹如一张纸的厚度。那鼓膜有什么作用?当外来声波传进来,传到鼓膜这个位置的时候,可以引起鼓膜的机械震动,从而鼓膜对听觉的形成有着密不可分的联系。这是鼓膜的作用,能够引起机械震动。还有鼓室,是吧?鼓膜里面有个鼓形的小室,称为鼓室。这个鼓室容纳有听小骨,也就是第三个结构——听小骨。这个听小骨与听觉的形成也有着密不可分的关系。那听小骨有什么作用呢?听小骨有几块?咱们带着这样的问题来看一段视频。[放映视频]现在震动的是什么呀?对,鼓膜。听小骨一共有几块?

【专家点评】

在讲耳的结构时,播放了一段视频录像。这段视频的选择和使用很恰当,内容与教学内容十分吻合,有利于学生对耳的结构和听觉形成的形象化认识和理解。在播放视频之前,教师提出了两个思考题:耳可以分为哪几部分?每一部分又分别由哪些结构组成?让学生带着问题去观察、思考,这种做法具有普遍的借鉴意义。

第6章 演示技能

案例4　重力（物理）

【课堂实录】

老师：对！那就由你来完成这个工作吧！给你一个弹簧测力计，你来测量一下你刚才的判断正确不正确。你告诉大家，你称出来的球的重力是多少。

学生1：是7N。

老师：再看看。把这个弹簧测力计面向大家，让大家帮你读读数。咱们找一个同学到前面来，帮他读读数。＊＊同学，你帮读一下。

学生2：是8N。

老师：你先看看这个弹簧测力计的分度值是多少。

学生2：0.1。

老师：那现在多少个格？

学生2：4格，是0.4N。

老师：好，0.4N。我们测出来大球的重力是0.4N。＊＊同学，你接着测量第二个球的重力。

学生1：这个应该是……

老师：我们使用弹簧测力计时要注意一点：要使指针指在零位置。刚才他没调零。调完了吗？

学生8：行了。这个是0.1N。

【专家点评】

轻球与没有归零的弹簧测力计的搭配选择看来不像是教师有意设计的。因为，在读出轻球重力后，教师没有提醒或要求学生在调零后重读重球的读数，也没有用语言向学生点拨或强调"应该也必须养成正确的实验操作习惯"。若是有意设计的，原本应强化这一设计的教学目的。其实，通过学生自己获得的教训来完成学习，只要教学组织到位，乃是可取的一种教学方式。另外，作为物理学习的初始阶段，养成良好的实验操作习惯是初中生重要的物理学习内容。课堂上出现了读数姿势不对、对刻度不熟悉、缺乏调零习惯等情况，表明该班学生在弹簧测力计的使用上还存在较普遍的问题。教师对课堂上表现出的这些问题，或没有处理，或没有展开和强调，这点需要改进。建议：要向学生明确指出学习实验操作技能的重要性，提出明确且具体的要求，结合分组实验课与后续演示实验中的仪器应用，随时强化各种操作规范。

案例5　汽化和液化（化学）

【课堂实录】

［教师指导学生实验］

老师：在我们等待水到达90℃的时候，我们可以提前再看一下这几个问题，在大脑里面有个意识,因为一会儿实验的时候可能很快这个过程就过去了。还可以看一下下面关于沸腾的几个填空。负责计时的同学在这个温度到来之前,是不是可以再联系一下秒表的使用呀?

老师:好,现在有些同学已经可以开始计时了。观察一下沸腾前气泡有什么特点。

学生1:小。

老师:除了小,还有没有什么特点?仔细一点。我们的表格没有必要都用上,当水沸腾后,你可以继续记录2~3分钟就可以停止实验。好,做完的同学把你的酒精灯熄灭,把杯子拿下来,完成实验的数据处理和填空。[过了一会儿]没做完的同学也把酒精灯熄灭,没做完的同学可以借助其他同学的结论。现在把沸腾曲线绘制出来,把下面的数据填好。

老师:好,我们来回答一下问题。沸腾前是否看到了气泡?沸腾后是否也看到了气泡?看到了吗?

学生:看到了。

老师:那有什么区别?哪组看得比较清楚?

学生2:沸腾前它的气泡特别小,而且很少;沸腾后它的气泡特别大,而且很多。

老师:还有区别吗?

学生3:沸腾前气泡上升的速度很慢,沸腾后气泡上升的速度很快。

老师:好。还有区别吗?

学生4:沸腾前气泡上小下大,沸腾后气泡上大下小。

老师:也就是说,沸腾前气泡在底部是比较大的,越往上升气泡越小。这是为什么呢?咱们解释一下。沸腾前是所有的水都加热到100℃了吗?

学生:没有。

老师:那这个时候底部比较热,已经生成了水蒸气。随着上升遇到上部比较冷的水,水蒸气又变成液态的水了,所以说气泡随着上升越来越小。而沸腾之后的气泡什么样呢?随着上升,气泡是逐渐增大。因为底部和上部都达到了沸点,这个时候温度都一样,随着沸腾,出现的气态水蒸气越来越多,所以上升越来越大。第二个问题:沸腾前后温度的变化情况如何?我找一位同学把他的答案给大家看一看。他们组做的时候是从90℃开始计时,对吧?沸腾的时候是多少度?他这个结果是100℃。有的可能还有一点儿出入。

学生4:99℃。

老师:99℃。好,第一个要尊重实验结果,是多少度就是多少度。有可能咱们实验仪器温度计存在误差。总之一个结论,也就是到沸点的时候温度不再上升。第三个问题:当酒精灯熄灭的时候,沸腾怎样了?

学生5:沸腾是在液体内部发生的剧烈的汽化现象。沸腾时的温度是液体的沸点,沸点与气压有关,气压越大,沸点越高。

老师:好,说得非常好。咱们来看看他说的第一个。沸腾是在液体的内部,还有哪里发生的?表面。因为我们知道,沸腾时的各个温度都已经达到了沸点,所以是内部和表面同时

第6章　演示技能

发生的。第二个,液体沸腾时的温度称为沸点。下面,液体的沸点与什么有关,他可能看了其他的书了,那咱们先不管。我们的第三个问题是关于液体的沸腾条件,即达到沸点继续吸热。那它跟什么有关呢?大家来看我这个实验。

［实验演示］

老师:现在我加热的烧杯的水已经沸腾了吧?现在我把这个带有塞子的温度计放入液体中。温度上升得非常快,对吧?多少度了?看得清吗?一百多度了。好,那不能再做了,该有危险了。那么你看到了什么?为什么加了塞子之后沸点会超过100℃,而且还在继续上升?塞子把什么给堵住了?

学生:空气。

老师:那里面什么变了?

学生:气压。

老师:气压越来越大,那我们知道了气压大的时候沸点就高。我们家里有样什么东西利用的就是这个原理?对,高压锅。同理,咱们可推理一下:若气压降低的话会怎样?首先,现在停止加热怎样?沸腾停止。好,那我再用这个塞子塞上,用这个管对它进行抽气。看到了什么?对,我把上面的空气抽走一部分,看到了液体又沸腾了。可是这时水够不够100℃呀?

学生:不够。

老师:那为什么它能沸腾呀?

学生:气压小了,沸点会降低。

老师:这水继续沸腾,沸点降到了100℃以下。所以,通过这两个实验,我们得到的结论是,沸点与气压有关,气压越大沸点越高。好,我们已经把沸腾和蒸发都学习完了。为了方便记忆,大家把这个表填上。

【专家点评】

通过演示实验,直观地演示沸点与气压的关系,使学生形成直观认识,有较强的说服力,很好地突破难点。

案例6　春酒(语文)

【课堂实录】

老师:散文的特点是什么?

学生:形散神聚。

老师:"形"就是这些。[板书:酒、我、乡亲、母亲等]"神"在哪?

学生:中间。

老师:中间?在哪?

教师:"神"是这个"情",是不是?所以要注意啊。那么,在这个写作当中,作者通过了咱们已经分析过的三个主要事件——过新年、喝春酒、过年情节来最终把人和人之间的这种

第二节 案例展示

浓浓的亲情和乡情记忆给包裹起来,对吧?所以说,作者的语言还是非常精妙的。咱们下面的一个任务就是由品春酒来赏语言。来,大家看一下。老师找出其中的一种。这句在哪段呢?〔PPT展示"其实我没等她说完,早已偷偷把手指头伸在杯子好几回,已经不知舔了多少个指甲缝的八宝酒了"〕

学生:第二自然段。

老师:第二自然段。大家读一下。你们看看这里边,我抓到了这句话,而且我抓了这句话当中的两个词语:"偷偷"和"舔"。那这个"偷偷"和"舔"都是说谁呢?

学生:"我"。

老师:"我",对。那"偷偷"和"舔"这两个词语之间写出了"我"的什么?"偷偷"是个什么词呀?

学生:动词,名词。

老师:啊?"偷偷","偷偷"。

学生:副词。

老师:"偷偷"用来形容"我"当时伸手指头的那个什么?

学生:动作。

老师:动作应该是什么样的呀?〔老师作偷偷沾酒的动作示范〕对不对呀?这个过程啊,已经不知怎么样了?

学生:舔了不知道多少个指甲缝的八宝酒了。

老师:〔老师作舔酒的动作示范〕大家有没有过舔的动作?吃冰棍爱舔,是不是?那是因为你觉得冰棍怎么样?

学生:甜,凉。

老师:甜,凉,然后慢慢地舔,为了让那个味道沁入心脾,是不是?那"我"也在舔的过程当中知道了八宝酒的什么?美好的滋味,是不是?所以"偷偷"和"舔"这两个词语写的是谁?

学生:写的是"我"。

老师:写的是"我"的什么呢?好奇,对这酒的好奇,是不是?是因为对酒的什么?渴望,对不对?好奇和渴望。这算是一个什么描写呢?可以说是一个细节描写。是什么细节?

学生:动作的细节的描写。

老师:那通过这些动作细节的描写就生动地刻画出了"我"当时怎么样?

学生:活泼。

老师:活泼、调皮,妈妈不让喝,"我"还是"偷偷"舔着喝,说一指甲盖就行了。不是指甲盖是指甲缝,是不是?"我"不知舔了多少个指甲缝的八宝酒。太怎么样了?太爱,太……

学生:馋。

老师:所以我最后这样评析。〔PPT展示"'偷偷'和'舔'这两个词语写出了孩子的好奇,这个细节描写刻画了"我"的活泼、调皮以及对春酒的喜爱之情"〕

【专家点评】

教师做出赏析的示范,借助肢体动作,生动地品了品"偷偷"、"馋"等字眼,效果很好。

案例7 食品雕刻模具刀(劳动技术)

【课堂实录】

老师:老师是怎样做成这把食品模具刀的呢?用了什么材料,还有用了什么工具呢?＊＊同学,你来说说。

学生1:是用铁皮做的。

老师:用铁皮做的。会用到什么工具呢?＊＊同学,你来说说。

学生2:用到钳子。

老师:会用到钳子。那么怎么样就能把这样的铁皮——金属条变成了一把模具刀了呢?下面,请同学们观察一下你们桌面上老师设计好的模具刀,看一看是怎么做的,小组内可以讨论一下。若从这个成品看不出来,可以拿起桌面上的这些金属条,用手来摸一摸、试一试它有什么特点,然后再想一想是怎么做的。

[小组讨论,老师巡视,约1分钟]

老师:[击掌]大家停下,刚才同学们摸了这根金属条,它有什么特点?＊＊同学,你先来说说。

学生3:边儿特别的锋利。

老师:嗯,边儿特别的锋利。那么做出来的模具能够很轻松地嵌入这个材料里去,是吗?

学生:是。

老师:还有什么特点呀?谁再来说说?＊＊同学,你来说。

学生4:容易弯折。

老师:特别容易弯折。那么我们用它可以造型了,是不是?那再想一想:怎么就可把它变成那把模具刀了呢?应该怎么去做呢?＊＊同学,来你说。

学生5:因为这铁皮很软,容易弯折,就可用钳子把铁皮的两个边儿弯成两个小勾,勾在一起,然后用手捏出想要的一些样子。

老师:嗯,好了。她说这铁条特别柔软。这种材料叫做马口铁皮。一般,咱们做模具刀都用这种材料。这里是在金属的外边涂上了一层锡,如果这层锡的面被破坏了,它就容易生锈。做罐头盒都用这个材料。它容易弯折,所以就像你[看着学生5]说的,可以用它来弯折造型,做成模具刀。你们同意吗?

学生:同意。

【专家点评】

教师课前为每个组准备好食品模具刀,让学生观察模具刀的制作材料以及材料的特点,观察接口是怎么连接的,还请一位同学到前面进行演示。学生通过观察实践体验,对模具刀有了初步的感性认识。从这里可以看出,教师注重学生的实践体验。

第三节 应用指导

3.1 演示技能的注意事项

(1) 讲求实效。

在教学中运用演示是为了通过提供感性材料,帮助学生理解和掌握较难理解的教学内容。演示过程必然会占用一定的时间,因此,在进行教学设计时要对是否可以进行演示、如何演示等问题做出具体的规划,不能因演示而耽误课堂教学的进度。一节课的演示不能安排较多,演示要有针对性,要注重实效。

(2) 演示适宜。

在课堂教学过程中,演示应做到适时、适度。适时即在恰当的时候进行演示。教师要根据教学的目的、教学计划以及教学的实际情况适时加入演示,做到有效地促进教学,达到教学目的。适度是指除了演示的内容上难度适宜,要符合学生的认知特点和心理水平外,演示的时间也要把握恰当。另外,演示的媒体选择也是影响演示效果的重要因素,需要合理选择。

(3) 与讲解结合。

要充分发挥演示的作用,就必须将媒体的演示与教师的讲解紧密结合起来,及时引导学生把握演示的要点,使学生多方位获取信息,达到应有的教学效果。教师的讲解不仅可以让学生朝着正确的方向观察、思考,还可以使学生将观察到的现象与已有知识联系起来。另外,教师对于演示的讲解,可以让学生更加全面地了解演示的现象,并充分发挥想象力,更好地接受所学的知识。

(4) 总结引导。

教师在课堂演示的过程中,要及时总结演示的过程和结果,引导学生把观察到的现象与书本知识联系起来,从而真正达到通过获得感性认识来理解和掌握知识的目的。

3.2 演示技能的误区

(1) 忽视传统教学媒体的作用。

智能化、网络化、虚拟化、信息承载量大是现代教学媒体的主要特点。随着现代教学媒体在课堂教学中的深入,课堂教学的手段日益丰富,而传统的教学媒体也逐渐被教师忽略。现代教学媒体是在传统教学媒体的基础上发展起来的,传统教学媒体和现代教学媒体各有优势和劣势,它们都有各自适合的教学情境。只有根据教学的实际需要有针对地选择教学媒体,才能更好地发挥教学媒体在教学演示中的作用,有效地促进教学。因此,教师在教学中不能忽视传统的教学媒体,要深入分析各种媒体在教学中的作用和意义,积极地将现代教学媒体与传统教学媒体的优势结合,因地制宜、灵活应用。

（2）忽略教学媒体的适用性。

在运用演示技能时,不仅要注重传统教学媒体和现代教学媒体的有效结合,还要注重教学媒体的适用性。选择教学媒体时,要根据各种媒体的不同特性、用途以及教学的实际需求来确定,不能根据自己的主观喜好来选择,也不能不加区分地等同使用,这样才能充分发挥教学媒体在教学中的作用。在运用各种媒体时,要以正确的教学思想为指导,符合教学原则,力求做到科学性、艺术性和技术性的统一。有时需要将多种教学媒体组合起来才能更好地发挥演示教学的作用。

（3）忽略人的主要作用。

由于教学媒体的介入,传统的师生之间的"人－人"关系变成了"人－机－人"的关系。使用现代的教学媒体进行课堂教学,拓宽了师生参与教学活动的空间,但在一些情况下,教师为了突出教学媒体的作用而忽略了作为课堂教学主导的教师和课堂主体的学生的主要作用。为了更好地促进教师主导作用和学生主体作用的发挥,教师不能只是作为知识的传授者,还需要恰当地使用教学媒体突出教师和学生的能动作用。演示教学是以教师行为为主体的教学活动,演示教学操作主要是由教师来完成。教师既是演示教学的设计者、主导者、调控者,又是演示教学的具体操作者。教学过程中的信息传递,知识结构的转换,情境氛围的创设,师生情感的交流都离不开教师。各种教学媒体只是教师开展教学活动的一种工具和手段,它必须依靠教师的合理设计和安排才能发挥应有的作用。因此,在课堂教学中应用演示技能,要充分注重教师的主导作用和学生的主体作用,正确使用演示媒体,更好地服务于课堂教学。

3.3 演示技能评价量表

我们设计了如下的演示技能评价量表,以便于教师及师范生对演示技能进行评价:

课题					
科目		年级		课型		评价人	
评 价 项 目				评价成绩	参考权重
演示目的明确,突破教学中的难点					
教学媒体选择恰当,有利于传递教学信息					
教学媒体摆放适合,观察角度直接、全面					
演示效果明显,激发学生的学习兴趣					
演示操作规范,步骤清晰,示范性好					
演示与讲解结合紧密,及时引导学生观察、思考					
演示操作安全性好,排除干扰因素					
对演示现象和结果的说明科学、准确、全面					
总　成　绩					

第7章 反馈技能

第一节 技能概述

1.1 反馈技能的概念

反馈是教师传递教学信息后,获取学生对该教学信息的反应信息的行为方式。课堂教学中的反馈是教师与学生之间相互进行沟通与交流的过程。对教师而言,反馈是教师教学过程中不可缺少的信息传递过程,是教师了解其教学效果并据此调节下一步教学,保证教学工作良性循环,提高教学质量和效率,充分发挥其主导作用的有效措施。教师通过反馈可以获得学生对教学内容的理解程度和学习情绪等方面的信息,进而科学、有效地调节教学方法、教学速度等,以提高课堂教学效果。对学生而言,反馈是学生在学习过程中对学习信息进行传递的过程。学生可以通过反馈将自己的学习情况及时传递给教师并得到教师的评价,及时调整自己的学习策略,提高学习效率,发挥学习的主体性。

1.2 反馈技能的作用

(1) 教学反馈在学生积极主动建构知识的过程中有着无法替代的作用。

学生的学习是以其已有知识经验为背景,通过同化和整合将当前所学习的知识与已有的知识经验建立联系并将它们内化的过程。这一过程是他人所无法替代的,所以教师既不能将学生当做一张白纸,也不能将学生当做一个容器,认为教师教什么学生就应该会什么,并且对教师所教知识的理解与教师本人的理解完全相同。从上述观点出发,教师在课堂教学中的主导作用是为学生创设良好的问题情境,从而提高教学质量与效率。教师要发挥好主导作用,需要在对学生现有发展状况进行充分了解的基础上制订出符合学生年龄特征和知识发展水平的教学方案;需要在实施教学方案的过程中,根据学生的实际反应,对教学方案进行适合的调整并采取必要的措施,使绝大多数学生都能及时、准确地对当前学习的知识进行有意义的建构。了解学生"实际反应"的重要途径是科学、有效的教学反馈。正是从这一角度讲,教学反馈在教师发挥自身主导作用和促进学生进行积极主动的建构中有着无法替代的作用。

第7章　反馈技能

(2) 教学反馈能提高课堂教学的预见性。

反馈的目的是根据过去和现在的情况科学、有效地调节未来的行动,是要分析、研究、预测课堂中出现的各种可能性,然后根据反馈信息调整教学方法,使教与学结合得更加紧密,更有利于学生将当前所学习的知识与自身已有的经验背景建立起实质性的联系。教师不仅要重视课堂教学反馈,而且要能及时创造条件,抓住各种机会,运用多种教学反馈手段获取多方面的科学、有效的反馈信息,并以此为依据对下一步的教学进行合理的调整,而不是机械被动地对教案进行翻版。教师只有根据反馈信息对每个学生的实际情况进行有效的了解,才能做到对每节课的教学效果都心中有数,并据此不断调整、完善教学方案。这些深入、细致的工作增强了教学的针对性,提高了教学的效果与效率,从而保证了教学工作的良性循环。由此可见,教学反馈能提高课堂教学的预见性。

(3) 教学反馈能提升教师反映的敏捷度。

教学中的反馈信息有时是一现即逝的,教师必须善于在连贯的教学中抓住这些瞬时信息及其他相关信息,并迅速地对这些信息进行过滤和整合,进而对教学中的不利因素进行调整,以提高教学效果。这一过程需要教师反应灵活、敏捷,因此教学反馈有利于提升教师反映的敏捷度。

1.3　反馈技能的原则

有效反馈是指反馈信息是真实可靠的,且能为教学决策提供帮助的反馈。有效反馈必须满足以下四个原则:

(1) 反馈应当尽可能地消除"噪音"。

所谓"噪音",是指一切影响有效反馈的因素。反馈应当尽可能地消除"噪音",是指应当尽一切努力使反馈系统正常运转,从而获得真实可靠的信息。当然从实际上讲,我们很难做到完全消除"噪音"。

(2) 反馈应当拥有科学、清晰的教学衡量标准。

标准是衡量课堂现象等因素的尺度,只有拥有科学、合理、清晰的课堂教学反馈衡量标准,教师才能将在课堂教学中观察到的现象与这一标准相比较,从而获得有用的反馈信息。衡量标准有很多种,但最佳的标准是可考核的目的或目标,指可以有效量化的目的或目标。

(3) 反馈应当尽可能地及时。

反馈应当尽可能地及时,是指某种教学相关现象一出现便被及时"捕捉",从而进行反馈和相应的强化。事实上,这种反馈有时已经显得为时过晚。比如,在课堂上发现有的学生不能集中注意力听讲或积极主动地参与课堂活动时,教师才采取措施,就远不如在课前了解该学生的思想状况并加以疏导,从而避免上述现象的产生。为了实现上述目标,教师必须建立前馈控制系统。所谓前馈控制系统,是指信息的反馈在教学过程的开始端,需将教学问题消灭在教学展开之前。

(4) 反馈应当尽可能在教学关键点上进行。

课堂教学是一个复杂的系统，它包括诸如教师、学生、教材、教学目标等多种要素。教师在课堂教学中由于注意范围的局限性，很难做到对课堂教学中的所有教学现象进行观察并获得有效反馈信息。为此，教师只能通过关注那些能够反映教学效果或学习效果的关键因素或关键现象获得信息，并将获得的信息与标准相比较，为采取强化措施提供科学依据。课堂教学中的关键点主要有学生的表情、互动的程度、练习的效果等。

1.4 反馈技能运用的几种典型情境

反馈技能主要运用在以下几种典型情境中：

(1) 导入新课的反馈。

一节课开始部分的导入是否有启发性、有新意，对整堂课的展开起着举足轻重的影响作用，所以大多数教师都很重视导入新课的组织方式。不管采取什么方式，教师都要对新课的导入过程进行反馈，使新课的导入过程按照预先设计的目标发展。教师对于新课的导入过程的有效调节，不仅可以调节学生对课题的注意力，而且启发学生的思维和学习动机，激发学习的欲望和热情，培养学习的兴趣，从而为上好一节课打下良好的基础。导入新课的反馈是课堂常见的情境，该反馈技能也是教师必须要掌握的一种教学技能。

(2) 讲授新知的反馈。

学习新知是一节课的主要部分，任何教师都会非常重视这一环节的备课和教学方法的选择。因此，在这一环节的教学过程中，教师对学生学习行为反应的反馈也是在一节课中最为频繁的环节。不管是成功的教师，还是教学经验不足的教师，都会有意识或无意识地通过反馈来调节自己的教学行为和学生的学习行为。

(3) 学生集体影响的反馈。

在教学过程中，对学生学习行为的反馈，不一定是由教师来实施的。相反，在很多时候，对于有经验的教师来说，往往是利用学生集体的影响力对学生的学习行为进行更为有效的反馈。教育学的原理告诉我们：在学生集体中，集体的气氛、舆论等许多因素都会对集体中的每一个人产生极为有力的影响，这在教学过程中将是一种不可忽视的反馈手段。

(4) 教师的自我反馈。

教师为了使教学过程按照所期望的方向发展，从学生的反馈信息甚至从自己的教学行为(如讲课的语音、姿势、表达、举例、使用教具等)中所反馈的信息了解教学情况，把反馈信息与教学目标相比较，发现存在的问题，调节教学行为，以避免问题的再次出现，使教学过程不断得到优化。显然，教学过程中的反馈，不仅仅是教师针对学生在学习行为反应上所存在的问题进行反馈，而且包括了教师对自己的教学行为的有效反馈，即教师根据自己前面的教学行为情况或结果，调整后面的教学行为。例如，教师在课堂上发现自己讲述时发音不准，立即给予更正，就是教师的自我反馈过程。在课堂上，只对学生学习行为进行反馈是不完整的,它还应该包括教师对自己在教学行为上所存在的问题的反馈。

(5) 教师引导下的学生自我反馈。

对于心智趋向成熟的中学生来说,已经能够对自己的学习行为实施反馈,但这必须是在教师富于启发性的、正确的引导下才能充分地、自由地表现出来。在"填鸭式"、"满堂灌"的教学情境中,学生完全处于被动状态,学生的积极主动性受到极度的抑制,反馈几乎成为不必要和不可能。这种教学情境是要有效避免的。成功的教师都毫不例外地、有意识地在课堂中促使学生对自己的学习行为进行有效的反馈。

1.5 应用反馈技能的基本过程

应用反馈技能主要包括以下三个基本过程:

(1) 向学生传递教学信息。

教师根据既定的教学目标、教学计划、教学内容和教案等,向学生传递教学信息,培养学生的道德品质,教授学生知识,锻炼学生的技能和技巧,等等。在这个阶段,教师只是根据既定的教学目标、教学计划、教学内容和教案,或者根据对学生情况的一般了解,向学生传递教学信息。至于学生对教师的教学信息传递会有什么反应,教师实际上是不可能全部、准确地把握的。这意味着教师是面对一个黑箱或者灰箱进行教学信息的传递。因此,教学信息的传递之初,往往并不是处于一种最佳的状态,学生的学习行为反应可能还存在着许多问题,诸如注意力不集中、情绪不稳定、学习兴趣不浓、学习态度不端正、准备知识有缺陷、思维定势障碍等。对于这些问题,即使是有经验的教师也不可能一一全部预知,而只能对可能发生的问题有一个大概的估计,事先制定的防范措施也只能是一般性的、针对某些主要问题的,而不是面对所有问题的。

(2) 反馈教学信息。

学生根据各种主客观因素,对教师所输入的教学信息做出反应而输出信息。在教学活动过程中,教师根据一定的教学目的的要求和任务,对学生进行知识的传授、思想上的影响、技能的训练、行为习惯的培养等。这个过程,要以教学内容和教学手段为中介才能实现。教学内容是教师对学生施加影响的主要信息,它的选择和组织,直接影响着信息是否能够顺利地传递给学生。同时,由于学生不是消极被动的"知识容器",他们必然会依据个人的主客观因素对来自教师的影响产生好恶的体验以及积极或消极的行为反应,这就是反馈教学信息的过程。这种对来自教师的影响的反馈信息直接制约也影响着教师的信息是否能够顺利地传递给学生。因此,教师会根据学生的反应对教学活动过程适当地做出调节和控制,即教师依据已经发生的影响结果对自己下一步的教学活动过程进行调节。学生对教师的影响的反应,是教师实施反馈的起点和依据。也就是说,教师的教学反馈是以学生对教师教学信息的影响的反应作为调节的依据和出发点的。

（3）调节教学活动。

教师需根据学生的反馈信息,将教学条件控制在最佳的状态之下,对教学活动过程实施有效的调节。教师在传授知识,进行思想教育,向学生输入教学信息时,学生所做出的反应未必是教师所期望的,甚至是偏离教学目标的。教师希望学生的思维运动变化的潜在可能性能够按照既定的教学目标转变为现实性,最为重要的一点是选择并控制最佳的教学条件（包括教师的技能、技巧、工具、教学内容、学生的主观状态等与教学活动有关的主客观因素）。选择并控制最佳的教学条件,需要使教学系统内外各种主客观因素不断处于有利于学生的学习活动,向着教学目标来变化发展。要实现这一点,对于教师来说,既要不断地在教学实践中学习,逐步积累个人直接的实践经验和前人的知识成果,同时又要打破常规和偏见,在教学工作中进行探索、总结,从而发现新的经验、新的方法,形成新的思想和观念。

1.6　反馈技能的类型

教师在课堂教学中,获得教学反馈信息的方法多种多样,其中常用的主要有课堂观察法、课堂提问法、课堂练习法和实践训练法。

1. 课堂观察法

课堂教学过程中,教师通过察言观色,根据学生的表情和表现,可以获得学生在知识基础、理解程度、能力水平、学习态度、兴趣情感等相关方面的反馈信息。具体来说,观察的方法主要有以下三种：

（1）整体观察。

整体观察是教师对课堂进行整体性的"扫视",以便了解所有学生的动态反应,获得有关课堂教学的整体信息,并将这些信息作为下一步课堂教学的基础。整体观察用于课堂教学的起始阶段时,所花费的时间可以稍长,但若用于课堂教学的过程中,所花费的时间通常非常短,否则会影响课堂教学的连贯性。

（2）聚焦观察。

聚焦观察是指当教师发现自己的某个地方或某学生出现异常反应时,把目光聚集投射在那一点上进行观察,及时发现问题,并采取相应的措施。聚焦观察注重局部范围,整体观察注重全方位。在课堂上,当教师讲完某一知识点后,首先"扫视"全班同学,以获得关于这一知识点的整体反馈信息（整体观察）；然后将目光聚集到个别学生身上,以获取这些学生对这一知识点的掌握情况（聚焦观察）。

（3）虚视观察。

虚视观察是教师为了获得具有防备心理的学生的真实信息而常常采用的一种观察方法,是指教师的眼睛好像在看某一人或物,但实际上是在用余光悄悄观察另外的人或物。说得通俗一点,它实际上就是观察上的"声东击西",或者说是"虚晃一枪"。

2. 课堂提问法

课堂提问对于信息反馈而言,既是学生获得知识水平和能力水平的反馈,又是教师对学生学习结果评价信息的反馈,还是课堂教学效果的反馈。这种反馈方法是指教师在课堂上有计划地提出问题,引导学生积极思维。通过提问来督促学生复习所学的知识,及时了解学生对知识掌握的情况,发现教学中存在的问题,以便为改进教学提供反馈信息。这样得到的信息具有及时性和较高的真实性。

3. 课堂练习法

课堂练习法是指教师在课堂上留一定的时间让学生做练习,对当堂课所学的知识进行巩固的一种方法。让学生做练习是教师获取反馈信息的重要途径之一,也是经常使用的反馈技能之一。

使用课堂练习法获取反馈信息需要注意以下两点:一是在学生的整个练习过程中教师要做系统的观察;二是教师要深刻地认识到反馈源不仅包括练习的结果,还包括练习的过程。

4. 实践训练法

对于体育、化学和物理等操作性比较强的学科,可以采用实践训练的方法来获得反馈信息,因为它基本上不受"噪音"的影响。实践训练是直接获得真实信息的重要途径。

通过实践训练来获取反馈信息的案例不胜枚举,比如:体育教师可以让学生扣篮,以获得学生是否掌握了扣篮基本要领的反馈信息;物理教师可以让学生动手做透镜成像实验,以获得学生是否掌握了透镜成像规律的反馈信息;数学教师可以让学生制作一个长方体并让其指出其中的异面直线,以获得学生是否理解了异面直线这一概念的内涵和外延。

第二节 案例展示

案例 1 买小狗的小孩(语文)

【课堂实录】

老师:根据我们上一节课的学习,同学们已经对课文的内容有了一定的了解。那么同学们回忆一下:这篇课文主要写的是怎样的小孩买了一条什么样的小狗?[板书"一个(　　)的小男孩,买了一条(　　)的小狗"]谁来回答?

学生1:写了一个残疾的小孩买了一条腿瘸了的小狗。

老师:对吗?

学生:对!

老师:这个空加上一个"残疾",而这个空加上一个"腿瘸"。还有不同的说法吗?

学生2：一个瘦瘦的小孩买了一条一瘸一拐的小狗。

老师：嗯，"一瘸一拐的"说明什么呀？也是说明它是一条小瘸狗，对不对呀？好，坐下。那就是一个残疾的小孩，一个瘦瘦的、残疾的小孩。她花了多少钱呀？

学生：100元。

老师：花了100元买了一条残疾的——腿脚残疾的小狗，是不是？那么为什么呢？他为什么要花100元而买一条瘸腿的残疾狗呢？这就是我们这一节课要深入学习的问题。现在同学们先看我打印的几张小狗的图片，欣赏一下。＊＊同学，你来拿一张，举起来给大伙欣赏欣赏。你坐着举，别站着，别人该看不见了，举过头顶。你喜欢哪条小狗？

学生3：我喜欢这条，这两条小狗在打架，挺好玩的。

【专家点评】

第二课时回顾内容是很有必要的，这是对上一节课课文整体把握情况的反馈。教师提供了"一个（　　）的小男孩，买了一条（　　）的小狗"来说说课文主要内容的平台，体现了方法的引领。

案例2　大自然的声音（语文）

【课堂实录】

老师：好，这就是大自然的语言。下面我们打开书，看大家课文读得熟不熟。课文一共分为几个小节？

学生：五个。

老师：好，我找五位同学来读。＊＊同学读第一节，＊＊同学读第二节，＊＊同学读第三节，＊＊同学读第四节，＊＊同学读第五节。好，大家一起读一下课题。

学生：十三，大自然的语言。

学生1：别以为人还会说话，大自然也有语言，这语言到处都有，仔细观察就能发现。

学生2：你看看水里的蝌蚪，多么像流动的逗号，这是大自然的语言，春天已经来到人间。

学生3：你如果钓到大鱼，鱼鳞上有一个个圈圈，一圈就是一岁，这也是大自然的语言。

学生4：古老的三叶虫化石，镶嵌在喜马拉雅山巅。这是在告诉人民，那里曾是汪洋一片。

学生5：大自然的语言呢，真是妙不可言，不爱学习的人总也看不懂，粗心大意的人永远看不见。

老师：好，他们五位同学读得都非常流利。这儿有一个错误，谁能告诉他们呢？

学生6：＊＊同学把"人们"读成"人民"了。

老师：嗯，还有吗？

学生7：＊＊同学把"别以为人才会说话"，读成了"别以为人还会说话"。

【专家点评】

让学生互相发现朗读时出现的错误很重要。这样做，不仅能够培养学生认真听别人读书、讲话的良好习惯，而且能够培养学生敏锐的识别能力、大胆并准确表达见解的能力，还能够培养学生的自信心，应当坚持这样的做法。

案例3 大自然的声音（语文）

【课堂实录】

学生1：老师，我有一个问题。

老师：这就是三叶虫化石。

学生2：老师，汪洋是什么呀？

老师：这就是汪洋，也即是大海。

学生：老师，什么是镶嵌呀？

老师：镶嵌就是埋在那里面。化石埋在哪儿了？

学生：海。

老师：化石在哪儿发现的？

学生：山巅。

老师：对，在山顶发现的。大家注意看这两个句子："那里是汪洋一片"，"那里曾是汪洋一片"。这两个句子有什么不同？

学生2：第一句有海，第二句没海。

老师："曾"是什么意思？

学生2：就是"以前"。

老师：对了，"那里是汪洋一片"就是"那里是一片海"，而"那里曾是汪洋一片"就是"那里以前是一片海，现在不是了"。现在那里变成高山了。那里指哪里？

学生3：指山顶。

老师：是指喜马拉雅山这个位置，原来是海洋，现在变成山了。从哪看出来的？是从三叶虫化石看出那里曾是汪洋一片。

［板书"山——汪洋"］

老师：明白了吗？大家一起来读一遍。

学生：古老的三叶虫化石，镶嵌在喜马拉雅山巅。这是在告诉人们，那里曾是汪洋一片。

老师：喜马拉雅山那个地方原来是一片大海，现在由于挤压，一点点地变成了高山。大自然神奇不神奇？

学生：神奇。

学生1：老师，我有一个问题。

[老师未回应]

【专家点评】

有学生两次提出"老师，我有一个问题"了。但是，教师一直未予理睬。这种处理是很不恰当的。起始这时是学生最兴奋的时候，教师应当保护他的积极性，特别是对这种勇于提出问题的精神。所以，不管他有什么问题，都应当让他讲话。

案例4　我和纸花一起转（综合实践）

【课堂实录】

老师：现在请同学们玩你们手中的纸花，看看有什么新的发现。开始！可以站起来玩。

[学生玩纸花，约1分钟]

老师：这次最快是第九组，[板书小组表现]他们玩遍纸花之后迅速坐好，非常不错。谁来说一说你又有什么新的发现了？＊＊同学，你来说。

学生1：老师，我发现硬的纸转得特别快，要是三瓣的那种纸花，它根本转不起来。

老师：谁还有跟他不同的发现？＊＊同学，你来说。

学生2：我觉得是这种纸它飘飘悠悠，跟落叶似的。

老师：薄纸，是吧？

学生2：嗯。

老师：转不起来，对吗？

学生2：对。

老师：坐下。谁还有？

学生3：我发现皱纹纸每次落下来，都是特别慢地转。

老师：转速慢。＊＊同学，你来说。

学生4：老师，我发现这种纸，甭管是花茎朝下还是花瓣朝下，都转得特别慢，还没转几圈。

老师：哦，转得不美，是吧？来，＊＊同学，你说。

学生5：老师，我发现，这个花瓣如果弯得比较厉害，就是直直地下来；如果弯得不太厉害，下来时就是斜的、飘的。

老师：真不错。＊＊同学，你有什么问题要问吗？

学生6：为什么三瓣的转不起来呀？

老师：嗯，不错。谁还有问题？＊＊同学，你来说。

学生7：为什么皱纹纸的转得慢？

老师：谁还有跟他们不同的问题？＊＊同学，你来说。

学生8：同样都是纸，为什么有的转不起来，有的能转？

第7章　反馈技能

老师：这个问题非常好。还有么？＊＊同学，你说一下。

学生9：为什么……嗯……

老师：别着急。

学生9：为什么弯得厉害就降得直？

老师：谁弯得厉害？

学生9：弯得不厉害……

老师：你说谁弯得厉害？说清楚了，花瓣，还是什么？

学生9：花瓣。

老师：哦，那老师帮你整理一下。为什么花瓣弯得越厉害，它转起来就越……

学生9：直。

老师：嗯，不错。谁还有？＊＊同学，你来说。

学生10：为什么皱纹纸就慢？为什么卡纸就快？

老师：行，看来呀，同学们有很多问题。同学们不仅会观察，能发现，还会把发现变为问题。其实在很早以前有一位叫爱因斯坦的科学家，他就说过这样一句话。[PPT展示]一起读。

学生：提出一个问题比解决一个问题更重要——爱因斯坦。

老师：谁来告诉老师，这句话中说什么更重要？＊＊同学，你来说。

学生11：提出问题更重要。

老师：提问题更重要。因此，今天老师还给大家带来一份特殊的礼物，就是提问宝典。[PPT展示]下面请同学们自由阅读提问宝典的内容，然后把你们刚才的问题试着用宝典的形式说一说。

[学生自由阅读]

老师：看同学们说得特别的好，谁愿意说说你刚才说的？＊＊同学，你来说。

学生12：为什么薄纸转得那么飘飘悠悠？如果……

老师：你先停下。你先说一个就行了，但要把一个说清楚了。

学生12：为什么那个薄纸从上往下落会飘飘悠悠的慢？

老师：这个问的是什么呀？是不是问原因？

学生12：是。

老师：这个叫做问原因。谁还有不同的形式？＊＊同学，你来说。

学生13：有什么方法能让皱纹纸和普通的稿纸下落的速度一样？

老师：非常不错，这叫做问结果。＊＊同学，你来说。

学生14：手撕纸和薄纸之间有什么关系么？

老师：哦，你是问关系啊，非常不错。＊＊同学，你来说。

学生15：还有，老师，我也想说第三个。薄纸的飘飘悠悠和薄纸的薄有什么关系么？

【专家点评】

学生在玩中发现了很多感兴趣的问题。从学生第一次的汇报中可以看出,学生能够说清自己的问题,但是做不到简练,突出重点,更不能够作为研究性学习中的问题。针对这一情况,教师及时出示了"提问宝典"。之后,从第二次的汇报中可以明显感觉到学生问题的表述能力有了明显的进步。

在学生提问题的过程中,教师的即时评价非常好,一方面肯定了学生提出的问题,对学生的学习起到了激励作用;更重要的一方面是,教师的"问原因"、"问结果"、"问关系"几个精确点评,进一步指导了学生提出问题的思维角度。

案例5 作文教学(语文)

【课堂实录】

[板书概括:1.＊＊人做＊＊事,结果如何]

老师:这是一项,最为概括的,即"什么人做什么事,结果如何"。这个"什么人",要把他概括全面,如果是朝代的话,就是"哪朝的谁,他做过什么事,结果如何"。第二个,咱们刚才解读＊＊同学的概括,他比别人多描述了一点,即"他以乐观的心态怎么怎么样"。所以像这样的时候,我们还可以再具体一点的话就是"什么人怎样做什么事,结果如何"。

[板书:2.＊＊人＊＊做＊＊事,结果如何]

老师:这里"怎样做什么事",要干什么呢?那就是说,你想要表达一个什么中心,你所陈述的这个材料要为这个中心服务。一会儿咱们还要在这里做一个解读。这是咱们训练概括的一个简要的方法,也是一个简单的套路,不论它的材料有多长,都可以按着这个套路来进行一个概括。咱们以这样的方式,从各样的材料里面,全面地、具体地又解读了刘禹锡。那么咱们看一看,能不能写一则材料,用咱们刚才概括的这一个材料进行解读。刚才咱们看了关于刘禹锡的那么多材料,那么多东西,这些都值得咱们学习。刘禹锡可看成咱们的楷模。看看他的哪些方面值得咱们学习。

学生:乐观的心态。

老师:比如说,乐观的心态;比如说……

学生:高尚的人格。

老师:比如说,刚才＊＊同学写道:"他的流传的很多作品,也可以给我们一定的启迪。"既然他能给咱们这么多的启迪,而人生十之八九都不太顺利,例如咱们都知道在上两届奥运会的时候,刘翔由于各种原因退出,你看咱们能不能写一段话,用上刘禹锡的这个事例,来鼓励刘翔走出这个人生的低谷。

老师:大家看,这是曾经辉煌的刘翔,而这是赛场上无奈离去、伤感的背影。[PPT展示]咱们能不能用咱们学过的知识来劝说刘翔,让他东山再起,再为咱们中国人争光。为了让大家写得更顺利一些,老师给了一个开头,大家在后边省略号的地方把它补全:刘翔,你

第7章 反馈技能

是国人的骄傲,是人们心目中的英雄。你因伤退出奥运会的比赛,一定非常无奈和难过。希望你能振作起来,勇敢面对。还记得唐朝诗人刘禹锡的故事吗?……那么下边就归咱们自己操作了,字数在300～400字之间。把咱们学的这些东西都概括进去,给大家10分钟的写作时间。

[学生练习,大约10分钟,老师监督指导]

老师:先写到这,等会儿还可以再写。咱们先看看几位同学的吧!＊＊同学。

[幻灯展示]

老师:看看咱们同学写的对咱们有没有借鉴。上面是给的开头,下面是她写的。"他因得罪当朝权贵,被贬到安徽和州市任刺史,半年内连续搬了三次家,最后住进了只容纳一床一小桌的小屋。"这是叙述咱们刚才的那个实例。"可就是在这样的情况下,他创作了后来广为流传的《陋室铭》(这是在受挫的情况下,刘禹锡的成果)和大量的《竹枝词》(现在存留800多首)。"这是她叙述的事例。因为咱们要对刘翔进行鼓励,下边就回到了写作的主体。"刘翔,你应该学会刘禹锡的这种乐观心态,好好养伤,以后东山再起,为国人争光!"你们看,老师划红线的地方是什么?他在受挫之下的……

学生:成就。

老师:或者说作品。应当怎样做,是对他的一种期待,是不?

学生:嗯。

老师:这里可取的地方是,她用概括事例得出来的结果来鼓励刘翔。谁还自告奋勇拿出来展示?来,＊＊同学。

[幻灯展示]

老师:"他虽然身居陋室,但是他有着乐观的心态。为此他怡然自得,并没有因身居陋室而失去信心。正因如此,他还写出了传世的佳作《陋室铭》。面对知县的百般刁难,刘禹锡选择了顽强面对,以乐观的心态使知县小人哑口无言。虽然房子简陋,但刘禹锡高尚的品质、乐观的心态使房子也不显得简陋了。"这是他所述说的事例。下边是对刘翔的一种期待:"加油!你还是我们心目中的英雄!"你们看,老师划红线的地方是什么呢?是他用上了自己的词语,把他理解的意思用一个成语来替代,有自己的创造了。那下边的传世的佳作,是"他"受挫折之后的一个结果。有这样一个结果靠的是什么呢?靠的是乐观的心态支撑,写出了他对刘翔的一种劝告。大家还是看这里,如果从语言表述的逻辑方面来看,＊＊同学的写作有什么问题?这里有一个"乐观的心态",到这里又有"一个乐观的心态";这里是《陋室铭》,到这里又是房子简陋。按理说,他应该把同样的东西做一个归类,说完一个意思,再说一个意思。是不是应该这样?来,＊＊同学,回去把你这个理顺。谁再展示展示自己的作品?我们看看＊＊同学的。这10分钟果然很有成就。

[幻灯展示]

老师:这是上面咱们这个小序,咱们就不念了。他下边这样写的:"这位具有'诗豪'之称的文学家和哲学家——刘禹锡,在唐朝做官期间,因为他的大胆革新而得罪了权贵,被贬到和州当刺史,当地的县官极其势利小人。"这句话读起来怎么那么别扭,"极其势利"就行了。"将刘禹锡的住所几经辗转",这是个病句,咱们把"将"改为另一词吧,或者咱们把"将"去掉不就得了。"弄得刘家老小无家可归",这是从材料里得出来的吗?创造的,是吧?是不是你在别的地方看到过这样的材料?"但是当他最后一次入住到文中的陋室时"(文中所写的陋室时),这个地方有待改进。"他并不生气,也不难过,反而总以乐观向上的心态来面对,最终作出了《陋室铭》。"这个比刚才上边的材料更详细了,虽然表达得有些毛病。下边,尤其这句话,"你的经历也许跟他很相似吧,你是否也应该以乐观的心态来面对你的脚伤、心伤呢?"刚才咱们看图片时,看到刘翔那无奈而孤独的背影。对于"离开赛场的时候",他用了一个"心伤"来概括。"刘翔,振作起来吧!加油吧!我们相信你!相信你下一次一定还可以展翅翱翔……"尤其这个"翱翔"表达了一种期待,这个稍微有了点文采。谁还来展示自己的?来,＊＊同学。

[幻灯展示]

老师:"刘禹锡因参加当时的政治革新而得罪了权贵,被贬下放,做一名小小的通判。但当时按照规定,他的房屋应该是三间三厢的房子。可是当地知县看人下菜碟,认为他是被贬的,瞧不起他,便安排他在城南住三间一厢的房子。刘禹锡不但毫无怨言,还挺怡然自乐。知县看他是这个样子,十分生气,就把他安排在城北,房子面积很小,可他还是不计较,安顿下来,就又开始悠悠自乐。知县的嫉妒心再次增强,又把他调到城中的一间斗室。刘禹锡半年内三次搬家,但心态仍旧那样好。所以刘翔,你应当振作起精神,四年后的奥运会,你一定会再创辉煌!为中国人争光!"如果比较概括材料的话,他前面概括的材料很细致,是不?

学生:嗯。

老师:如果咱们要写一段小文段,这样来叙述的话还可以。现在因为咱们是要告诉别人一个道理,所以就没有必要把前面这些内容写得这么详细了。好,咱们展示了四位同学的作品。还有哪位同学要来展示展示?来,＊＊同学。

[幻灯展示]

老师:"刘禹锡是唐代的文学家、哲学家。他参与了革新,结果失败了,被贬为和州的刺史。被贬到和州之后,又几次被县官刁难。"这里不用"一次一次怎么样",因为咱们要用概括的实例。"几经搬家,最后入住陋室。"这是高度概括的,用在文段中是可行的!"他并没有自甘堕落,而是以乐观的心态写下了流传千古的《陋室铭》。在《陋室铭》中,他描写了陋室的环境、交往的人,以乐观的、积极的态度又读了很多书,写下了许多著作。他以乐观的心态去面对人生的不公平,在自己经受挫折的时候,仍然把生活看得很美好。"这是对乐观的进一步解读。"刘翔加油!我们期待着你,东山再起!我们永远支持你!"这也是一种作为鼓励的话吧!如果跟前面几位同学比较的话,＊＊同学的概括实例非常简洁,然后得出这样的结论就理所当然了。虽然咱们有很多内容可以写,但是在写的时候,咱们依然会感到力度不够。前面展示了五位同学的作品,咱们应该取长补短,多做练习!

【专家点评】

由刘禹锡迁移到现实生活中的刘翔,归纳出概括人物的方法:什么人—怎样干什么事—结果如何。既给出概括的思路和规律,也为下一环节的训练作铺垫。尝试用刘禹锡逆境中的表现来劝慰刘翔,给学生创设了一个将历史和现实对接的情境,进行学以致用的写作练习。写作的时间比较充分。

第三节 应用指导

3.1 反馈技能的注意事项

这里仅就课堂提问法谈反馈技能的注意事项。在课堂教学中运用提问法进行反馈时,教师需注意以下几点:

(1) 慎重选择提问对象。

在检查知识的提问中,需根据学生情况来选择提问对象。如果提问是为了复习已学的知识,则应向成绩中等的学生提问,他们能代表大部分学生的水平;如果是为了巩固当堂课所学的新知识,则应向成绩较好的学生提问,这有利于其他学生对当堂课知识形成正确的理解;如果是为了检查教学效果,则宜多向成绩较差的学生提问,因为只要他们能理解和掌握所讲授的知识,其他同学往往就没有问题。在选择提问对象时,应防止两种偏向:一种是为了得到完美的回答,过多地提问成绩较好的学生,使学习成绩较差的学生的学习得不到检查;另一种是认为教学是以一般学生的水平为出发点,则过多地提问成绩中等的学生,使成绩好的学生不能起表率作用,成绩较差的学生得不到激发。这两种偏向都难以使教师全面地了解情况。因此,提问面要宽,不能集中在少数人身上,更不能让一个学生连续回答多个问题,应该好、中、差都照顾到,从而获得较为全面的反馈信息。

(2) 善于聆听。

聆听是获得反馈信息的重要途径。在课堂教学中,教师要善于聆听,要让学生不感到拘束;在学生回答问题的过程中要注视着学生的眼睛,要有耐心,要克服心不在焉的情绪,让学生有机会充分发表自己的见解和阐明自己的观点。教师千万不能粗鲁地打断学生,那样不仅不尊重学生,也会挫伤学生回答问题的积极性并损坏教师在学生心目中的形象。对于刚走上工作岗位的年轻教师来说,尤其要注意这一点。

(3) 对学生的回答做出客观公正的评价。

提问不但是教师获得反馈信息的一种手段,也是让学生了解自己知识掌握程度的一种方法。从某种意义上来讲,检查学习,巩固学习成果,让学生看到自己的优缺点,促进学生的学习,是教学的根本目的。为此,教师在提问时要注意给学生反馈信息,对学生的回答给以客观公正的评价。对于学生正确的回答或独到见解的观点,教师要给予肯定、表扬和鼓励;对于错误的回答,教师最好能引导学生推导出结论,促成学生对知识进行重新建构。

3.2 反馈技能评价量表

我们设计了如下的反馈技能评价量表,以便于教师及师范生对反馈技能进行评价:

课题						
科目		年级		课型		评价人	
评 价 项 目					评价成绩	参考权重
反馈和教学内容有机结合						
反馈的及时性						
反馈的协调性						
反馈的灵活多变性						
反馈的有效性						
时间安排紧凑、得当、合理						
总 成 绩						

第 8 章 强化技能

第一节 技能概述

1.1 强化技能的概念

强化技能是指教师在教学过程中对学生活动进行直接或间接干预,促进学生的某一良性行为与教师的期望和教学目标达到一致的教学行为。在强化技能中,教师的干预行为包括对学生的认识或行为中符合教学要求的成分进行肯定、表扬、鼓励等外部的积极强化,也包括对学生的认识或行为中不符合教学要求的成分进行否定、批评等外部的消极强化。课堂教学中的强化技能是教师采取某种策略或方法使学生朝着积极的方向发展的行为方式,这种强化方式对于集中学生的注意力和激发其学习积极性起着重要的作用。

强化与反馈是密不可分的,强化过程是教师利用反馈采取科学措施使外部强化有效转化为学习者内部效能的过程。在课堂教学过程中,教师将反馈获得的有效教学信息进行分析,在已有的基础上不断更新教学策略和教学方法,促进课堂教学的顺利进行,提高课堂教学效果。

1.2 强化技能的作用

(1)具有激励功能。

在课堂教学过程中,强化有利于引发学生的内心体验。学生会在强化过程中明确学习目标,将认识和行为朝着正确的方向发展。学生学习的内在和外在动机都得到激发,学习兴趣得到增强,就能积极主动地投入学习。

(2)具有维持功能。

强化不仅有助于维持和调控学生个体的认识和行为,而且有助于统一全体学生的认识和行为,调控和维持整个教学过程。

(3)具有促进功能。

强化可以促进学生与教师的双向交流,削弱和尽量减少非教学因素对学生学习产生的干扰,使学生将注意力集中于学习过程,提高学生注意力的集中程度。学生因为教师的表扬产生的正强化就是这种促进功能的表现之一。

强化可以增强学生某种与教学目标相符的认识和行为重复出现的可能性。学生的认识和行为逐渐从量变到质变发展,从而使最近发展区不断转化为现有发展区。

(4) 具有巩固功能。

强化可以在课堂教学中巩固学生的正确认识和行为。教师应当在学生做出正确的认识和判断时用肯定和赞许的方式进行强化,使学生获得满足感和荣誉感。这样有助于促进学生的内部强化,从而巩固正确的认识和行为。

1.3 强化技能的基本方法

教师在课堂教学中可以根据教学目标和教学情况采用多种方式进行强化。常见的强化方法有:练习、迁移、提问、强调和作业等。

1. 练习

练习是强化学习效果的最常用的途径之一。在练习中,教学活动的结构会发生变化,完成任务的方式也会随之有所变化。练习有助于学生更加深刻地掌握知识,有助于学生技能的提高。通过练习进行强化需要具备一定的练习条件:

(1) 明确练习的目的和要求。

清晰、明确的目的和要求才能产生强烈的愿望和具体要求,进而对练习的结果产生积极的期待。

(2) 练习必须有计划、有步骤地进行。

练习应有适当的计划,要遵循循序渐进的原则。

(3) 掌握正确的方法和知识。

掌握正确的练习方法可以避免盲目的尝试,提高学习的效果。知识是行为定向的工具,练习总是在一定的知识指导下进行的,练习就是把知识应用于实际的过程。

(4) 练习的方法要多层次、多样化。

练习的方法要根据教学内容和学生的实际情况设计成多层次、多形式,这样可以减少练习方法单调引起的疲劳和注意力不集中的现象,提高学生学习的兴趣。

(5) 练习应及时总结。

教师应当对由练习获取的信息进行及时总结、分析,只有这样才能对已有的行为方式做出正确的评价,使正确的行为得到巩固,错误的行为或不良的行为得到弱化,从而从正反两方面进行调整。

2. 迁移

当一种学习对象对另一种学习对象产生积极的促进作用时,迁移就会产生积极的影响。正迁移要求不同的学习对象具有共同的因素。为了促成正迁移的产生,可以采用以下的方式:

第 8 章　强化技能

(1) 通过掌握基础知识和基本技能,形成共同因素。
(2) 通过分析和概括,找出共同因素。
(3) 通过对比,找出共同因素。
(4) 通过营造愉快的学习情境,形成共同因素。

3. 提问

在课堂教学中,提问的强化功能非常重要。学生在被提问时,集中的注意力可以使思维快速指向问题,迅速从认知结构中提取与当前问题相关的内容,竭尽全力回答问题;同时,教师也会通过提问及时掌握学生的学习情况并做出教学调整。

4. 强调

强调是提高强化效果的有效方法之一,也是教师在课堂教学中常常使用的方法之一。教师可以使用加重语气、反问、质疑等语言形式进行强化,也可以通过使用着重符号、色彩或静态变动态等形式进行非语言强调。利用强调进行有效强化,要考虑学生的学情、教学内容、教学重难点以及强调的形式。

5. 作业

作业也是进行强化的重要方法之一。学生在完成作业时,都需要对相关知识进行回忆并进行某种程度的有机结合,进而巩固所学的知识。教师在布置作业后要及时将学生作业信息通过有效的渠道反馈给学生,进一步强化学生对知识的掌握。

1.4 强化技能的类型

1. 按媒介分类

根据强化的媒介不同,强化技能可分为语言强化、物质强化、标志强化、代币制强化、活动强化、练习强化和考核强化等。教师可以根据教学目标和各类强化的特点有针对性地选择强化手段,既可以单独使用某种强化手段,也可以综合运用几种强化手段。

1) 语言强化

语言强化是指教师使用语言作为强化的方式。通过语言强化,教师可以对学生的认识和行为及时做出反应,可以引导、鼓励学生,使学生了解自己的认识和行为中正确或错误的成分,激发、督促学生重复正确的认识和行为,并通过不断强化将错误的行为加以改正。语言强化可以分为如下三种形式:

(1) 口头语言强化。

口头语言强化是指教师运用口头语言的形式对学生在课堂上的认识和行为进行表扬肯定或批评指正,以达到强化的目的。当学生的认识和行为正确时,教师可以采用鼓励、表扬的口头语言来强化,例如"很好"、"非常棒"、"完全正确"、"很有见解"等;当学生的认识和行为不妥当时,教师可以使用否定的句式来给予批评,但是需要教师紧接着用肯定的句式引导、指点学生朝向正确的认识和行为,这样学生才可能得到强化。

(2) 书面语言强化。

书面语言强化是指教师运用书面语言对学生的学习行为进行强化。书面语言可以分为断语式语言和交谈式语言两大类:断语式书面语言是以词或词组的形式写出对学生行为的判断,可以表明教师的主观看法,语气不容置疑;交谈式书面语言采用与学生面谈的语气,有侧重地写评语,评语既表明教师的主观看法,又帮学生分析原因,热情地肯定学生好的方面,以商榷的语气指出不足。交谈式书面语言更加具体、有针对性,更容易被学生接受,往往容易产生积极的影响。

(3) 体态语言强化。

体态语言强化是指教师通过运用身体语言,如面部表情、头势、手势和体势,对学生在课堂上的行为和认识进行鼓励、引导和纠正,从而强化学生的正确反应。教师可以通过赞许的目光、会心的微笑、点头或鼓掌来对学生的表现进行积极评价。

常见的体态语言强化有:眉宇强化、唇语强化、头势语强化、手势语强化、体势语强化。这些体态语言强化在课堂中常常被综合使用。一般而言,在明确强化意图的前提下,和谐地、综合地使用各种语言强化有助于提高强化效果。

2) 物质强化

物质强化是指用实物、图形标志等来对学生正确的认识和良好的行为表示鼓励和肯定。物质可以是各种实物,也可以是一些如小红旗、笑脸等的图形标志。物质强化方式适合对低年级的学生使用,以鼓励学生积极学习。但是,在课堂教学过程中,物质强化不宜使用太过频繁,否则不但不利于激起学生的兴趣,而且容易使学生混淆学习的目的,把物质奖励作为最终目的,忽视真正的学习目的。

3) 活动强化

活动强化是指通过活动的形式对学生的学习进行强化。在课堂教学中,教师可以采取学生喜欢的一些活动作为强化形式,对活动中有良好表现的学生进行鼓励。在运用活动强化时,要防止学生动机异化,要将学生的注意力及时转移到学习本身,提高学生参与教学活动的意识。

4) 考核强化

在课堂教学中,教师可以根据教学目标及学生的课堂表现等情况,设计不同难度、多样化的考核方式进行强化,使学生在具有实际意义的情境中运用新知识。教师可以从外部肯定学生正确、积极的认识和行为,减少或避免错误、消极的认识和行为。学生也可以在教师的引导下通过比照个人的认识和行为与正确的认识和行为之间的不同,进行内部强化。课堂的考核强化可以保证学生的注意力集中于课堂,并及时促进学生形成正确的认识和行为。

2. 其他分类

根据不同的分类标准,强化也可以分为外部强化和内部强化,还可以分为积极强化和消极强化等。

1) 外部强化

外部强化是指教师针对学生的认识和行为表现,运用肯定、表扬、奖励或否定、批评、惩罚,以激发学生增强、充分某种认识或行为的一种强化过程。外部强化的强化刺激物来源于教师或其他学生,也即外在于被强化对象的刺激物。外部强化适用于学生外在学习动机不足时。外部强化的使用要适度,过多的外部强化会造成学生对于表扬的依赖,但是强化过少则易钝化学生的真实感受,甚至出现不良后果,因此应当适度、恰当地使用外部强化。

2) 内部强化

内部强化是指学生对学习材料本身感兴趣,为满足求知欲和好奇心,追求认知的连续性、自我实现,而自觉增强、重复正确的认识和良好的行为。内部强化的强化刺激物来自学习本身和学生的内在动力,其效果取决于学生是否具有内在的动机。因此,教师应准确判断、把握特定个体或群体在某个时刻的动机,注意运用与动机关联性强的强化,引导学生更多地运用内部强化,提高强化效果。

3) 积极强化

积极强化是指教师在学生出现正确的认识和良好的行为时,使用带有鼓励、肯定、赞许、表扬等积极意义的强化刺激物来增加学生的认识和行为的强度、数量和出现频率。运用积极强化时,可以是物质等有形的刺激物,也可以是精神等无形的刺激物。一般地,精神奖励比物质奖励更能有效地激发学生的学习行为。

4) 消极强化

消极强化就是在学生出现不正确的认识和不良的行为时,教师先给以学生否定、批评、惩罚等负向的令学生不愉快的强化刺激,然后引导学生认识到问题所在,应当如何改正,以抑制或消退学生不正确的认识和不良的行为。消极强化有一定的要求,如果使用不当就会造成不好的效果,因此教师要根据学生各自的特点进行适度的消极强化,同时要多进行引导。

第二节 案例展示

案例1 纸船和风筝(语文)

【课堂实录】

老师:上一节课咱们学习了《纸船和风筝》,这一节课咱们继续来学习这篇课文。大家齐读课题。

学生:二十,纸船和风筝。

老师:在这篇课文中还藏着很多的生字"朋友"呢,谁快领着大家读一读?

学生1："坏"。

学生："坏"。

老师：和"坏"意思相反的词，你们知道是什么吗？

学生2："好"。

学生："好"。

老师：像这样的词语，你们还能说出几个吗？

学生3："胖"、"瘦"、"高"、"低"、"左"、"右"、"上"、"下"。

老师：真多。还有吗？

学生4："多"、"少"、"高"、"矮"。

老师：可以了。下一个字，谁快来读一读？

学生："扎"。

老师：一起来读一读吧。

学生："扎"。

老师：这个字呀，它有好几个读音呢。你们能用不同的读音组词吗？

学生5："扎"，"扎花"。

学生："扎"，"扎花"。

学生5："扎"，"扎针"。

学生："扎"，"扎针"。

学生5："扎"，"挣扎"。

学生："扎"，"挣扎"。

老师：你记得可真棒！下一个字，女生一起读一读。

学生："草莓"。

老师：怎么记住"莓"这个字呢？你们有什么好办法？

学生6：我利用想字谜记住了"每"，每天戴草帽就念"莓"。

老师：哦，你用想字谜记住了它，真了不起！还有不同的方法吗？

学生7：我用"换一换"的方法，把大海的"海"中的"三点水"换成"草字头"就念草莓的"莓"。

老师：你真会思考！别的同学呢，还有别的方法吗？

学生7：我是用"加一加"的方法记住了这个字的。上面一个"草字头"，下面加一个"每"，每天的"每"，就念"莓"，草莓的"莓"。

老师：真了不起！同样一个字有多种识字方法，以后我们要学会运用这些方法哦。女生快来读一读下一个词语。

学生："风筝"。

老师：一起来读一读下个词语。

第8章 强化技能

学生:"纸船"。

老师:下个词语你们认识吗?齐读。

学生:"幸福"。

老师:还可以说幸福的什么?

学生8:幸福的生活。

老师:好。还可以说什么?

学生9:幸福的家庭。

老师:还有吗?

学生10:幸福的时光。

老师:都对。同学们,老师这儿还有一组词语,你们快来读一读。

学生:"小溪"、"松鼠"、"门口"、"小熊"、"山顶"、"山脚"。

老师:把这些词语放在一句话中你们还认识它们吗?

学生:认识。

老师:一起读一读。

学生:松鼠住在山顶,小熊住在山脚,山上的小溪往下流,正好从小熊的家门口流过。

【专家点评】

一个环节,多重功效。开始上课后,在短短3分钟的时间里,教师运用了多种形式复现字词,并交流了识字方法;同时,运用词语积累语言,既巩固了词语,又为阅读教学做好了铺垫,发挥了一个环节的多重功效。

案例2 因数和倍数的复习(数学)

【课堂实录】

老师:下面针对刚才咱们的学习内容,做一些练习。首先把题目念一下。

学生:拼数游戏:请用1,2,3,5中的三个数字,按要求说数:(1)2的倍数。

学生1:1,2,0。

老师:读出来。

学生1:120。

老师:同意吗?

学生:同意。

学生2:150。

老师:说一到两个都可以。

学生3:152。

老师:还有吗?有很多很多,对不对?下面看第二小题:(2)3的倍数。

学生4:125。

学生：不是。

老师：为什么？

学生5：因为各位相加等于8，不是3的倍数，所以不对。

老师：你能把他的答案稍微调整一下某个数字，使它符合要求吗？

学生5：把2变成0。

老师：同意吗？

学生：同意。

学生6：150。

老师：黑板上有了，对吗？

学生：对。

学生7：120。

老师：它既是2的倍数，也是3的倍数。还有吗？还有很多很多，是吧？

学生8：125。

老师：可以吗？

学生：可以。

老师：这次有两个要求了：(3)既是2的倍数又是5的倍数。比之前复杂，同学们要好好思考一下。

学生9：510。

老师：还有吗？

学生10：210。

老师：还有吗？

学生：有。

……

老师：请按不同标准把下面的数分成两类：2，9，12，17，21，36，40。

学生11：我想把它分成奇数和偶数两类。

老师：那你以什么为标准，你还没说自己的标准。

学生11：是否能被2整除，分成两类：奇数和偶数。

老师：都有什么？把结果说出来。

学生11：奇数有9，17，21；偶数有2，12，36，40。

老师：一定要说清分类的标准和结果。

学生12：我按它的因数的个数分为质数和合数。质数有2，17；合数有9，12，21，36，40。

老师：可不可以？

学生：可以。

老师：按位数多少划分可不可以？

第8章　强化技能

学生：可以。

老师：老师并没有说把咱们的分类局限于今天所讲的内容。一位数有2,9；两位数有12,21,36,40。

【专家点评】

练习多样，巩固概念。在练习环节教师设计灵活多样的习题来巩固概念。在分类环节，开放的设计体现了知识的灵活运用，在其他习题中体现了方法的渗透。

案例3　Where is it?（英语）

【课堂实录】

老师：Listen to me. Where is the cat?

学生：The cat is in the box.

老师：Read after me. "The cat is in the box."

学生：The cat is in the box.

老师："Where is the cat? The cat is in the box." What is the sentence mean?

学生1：这只猫在盒子里。

老师：Now, what does the "in" mean?

学生2：里面。

老师：在里面，在……的里面。

老师：Do you have a book? Where is your book? 在哪儿？告诉我。在桌子里，是吧？怎么说呢？

学生：The book is in the desk.

老师：Ok, now this time, put your book on your desk. Can you? Put your book on your desk, now look at me. 明白我的意思吗？我刚才说的那句话是什么意思？我说："Put your book on your desk."

学生3：把书搁在桌子上。

老师：对，把你的书放到桌子上。

老师：Now this time, look at this picture, this is a cat, and this is…What is this?

老师：Yes, it is a rock. 是"石头"。Where is the cat now?

学生3：The cat is on the rock.

老师：其他的同学？

学生：The cat is on the rock.

老师：The cat is on the rock. On , on , what does it mean? 是"在……的上面"的意思。Ok, look at me. What is this?

学生4：It is a bag.

第二节 案例展示

老师：There is something in the bag, can you guess? 书包里有一些东西，你能猜猜是什么吗？

书生5：书，"book"。

学生6："pencil"。

学生7："pencil-box"。

学生8：哦，我知道，"an English book"。

老师：But your English book is on the desk now. Look at me, can you guess it?

学生："monkey"。

老师：Where is the monkey now?

学生9：The monkey is in the bag.

老师：Right. Look at this one, where is the monkey now? Can you guess it?

学生10：The monkey is in the bag.

老师：我们要说"人"，或者直接说"名字"的时候不要说"the"，记住了吗？直接说"Monkey is in the bag"。

老师：Now this time, where is the monkey now? If you can not speak English, you can speak Chinese. 如果你不会说英语的话，就用中文。

学生11：Monkey is behind the bag.

学生：不对，错了！

学生12：Monkey is under the bag.

老师：Monkey is under the bag. 那谁能告诉我"behind"和"under"都是什么意思？

学生13："under"是"在下面"。

学生13："behind"是"在侧面"。

学生："behind"是"在后面"。

老师：The right answer is "Monkey is behind the bag"。"behind"是"在后面"。Who can spell it?

学生14：b-e-h-i-n-d.

老师：Look this, where is the cat now?

学生15：The cat is behind the tree.

老师：Read after me. "The cat is behind the tree."

学生：The cat is behind the tree.

老师：The cat is in the box.

学生：The cat is in the box.

老师：The cat is on the rock.

学生：The cat is on the rock.

第8章 强化技能

老师：Where is the cat now?

学生16：The cat is under the desk.

【专家点评】

循环往复，学以致用。教师在教学的过程中不忘小环节的复现，如讲完"on"，"in"，再讲"under"时，教师引导学生再把"on"，"in"进行了复习，这使得知识在不断复现累加中得到构建。同时，教师在讲的过程中还创设了不同的情景，如摆放"pencil-box"和"book"的位置让学生进行描述。这种学以致用的方式有助于学生加深对新知识的理解和内化。

案例4　珍爱公民受教育的权利（思想品德）

【课堂实录】

老师：谈一谈你看过视频后的感想。哪位同学能说一说？

学生1：看了这个视频，我触目惊心。在我们国家还有这么贫困的地区，那些孩子们非常可怜。

老师：说得挺好。

学生2：看完这个视频，我觉得读书人真的很幸福。

老师：真的是很幸福。还有哪位同学能说一说？

学生3：看了这个视频，我受到很大触动。我们有这么好的条件来读书，有的时候却不以为然，认为读书本来是谁都可以做的事情，但是对于那些贫困的孩子，他们想读书却没法读。我就觉得我们以后要更加努力地学习。

老师：挺好。＊＊同学，你来说。

学生4：看完视频以后，我觉得非常震惊，我觉得贫穷没有阻挡他们对知识的渴望。尤其是最后一个图片中他们说"I want to go to school"，我觉得这个给我带来很大的震撼。

老师：那作为我们应该怎么做？

学生5：我觉得首先得学会珍惜，珍惜我们所在的环境。我们现在在明亮的教室里面学习，而有的人还觉得很平凡，但是很多孩子却没有这种环境去读书，所以对于他们来说这就是一种奢望。首先得珍惜自己的生活环境；第二，给他们捐一些钱，让他们也能受到教育。

老师：说得非常好。刚才咱们几位同学说得都非常感人。那么作为我们同学们来讲，是不是应该更加珍惜我们这个受教育的机会呀？是不是？

学生：是。

老师：所以今天我们就来讲珍惜公民受教育的权利。

【专家点评】

和贫困地区的对比，对学生进行思想教育。教师引用了非常典型的图片资源，让学生对比自己和贫困地区孩子们学习环境的不同，进一步让学生感悟自己的幸福生活，美好的学习环境,认识到应该珍惜受教育的机会,自觉履行受教育的义务,从而使德育目标得到更好的落实。

第三节　应用指导

3.1　强化技能的注意事项

强化是教师在课堂教学中不可缺少的一种教学技能之一。强化技能的运用要遵循一定的应用要求:

(1) 准确判断学生的认识和行为是否符合目标要求。

强化的实施是为了加强学生的学习效果,因此必须准确判断学生的认识和行为是否符合教学目标和教育目的的要求。由于学生在尝试活动中形成的认识和活动可能是片面的、肤浅的,也可能是全面的、深刻的,所以需要教师做出正确的判断。如果判断错误,教师的强化不仅不能促进学生的学习,反而还会阻碍学生的有效学习。因此,教师要准确理解学生的认识和行为的真正含义,善于寻找学生的闪光点,让学生充分表达想法。只有在准确判断学生的认识和行为的基础上,才能确保强化有利于学生的发展。

(2) 确保学生正确理解教师的强化意图。

教师在对学生进行强化时,要保证强化意图被学生正确理解。首先,教师要明确强化意图,要肯定和鼓励学生的正确的认识和良好的行为。其次,教师要做到体态语言与口头语言,语言与物质、活动、符号等强化相匹配,使学生能正确理解教师的强化意图。通常,教师可以使用具体的强化语言来描述强化行为。

(3) 选择恰当的强化方式。

采用何种强化方式是非常重要的,强化方式的选择直接影响着强化的效果。教师应针对不同学生的特点,选择恰当的强化方式。固定的学生群体在不断接受相同的强化刺激后,强化的效果会逐渐弱化,强化就会失去作用。因此,不宜过多地或单一地使用某种强化,而是要经常变换强化类型,或改变强化物,或将几种强化类型灵活组合使用,才能更好地发挥强化的作用。

(4) 适度强化。

在课堂教学中,强化的使用要做到适度。一方面,强化的次数应控制在合适的范围内,在课堂教学中不宜频繁使用强化技能,尤其是外部强化,否则会导致学生的注意力集中在非学习过程中,从而无法达到既定的教学目标;另一方面,强化刺激的强度要适度,应当根据学生的年龄特点及教学的目标等选择强化刺激的强度,不考虑学习因素的强化只能适得其反。此外,内部强化和外部强化也要做到适度,例如对于高年级的学生,教师应注重引导、促进其内部强化,培养学生的学习能力。

第8章 强化技能

3.2 强化技能评价量表

我们设计了如下的强化技能评价量表,以便于教师及师范生对强化技能进行评价:

课题						
科目		年级		课型	评价人	
评 价 项 目					评价成绩	参考权重
强化目的明确						
要求表述清晰						
强化有针对性						
强化方式选择恰当						
强化刺激适度						
做到适时反馈						
强化有利于学生的发展						
总　成　绩						

第9章 机智技能

第一节 技能概述

1.1 机智技能的概念

在课堂上有时会偶然发生一些学生起哄、学生突然站起来发问、学生突然病了、学生之间出现纠纷、教室外有嘈杂声等令教师意想不到的事件,这些事件都属于课堂偶发事件。为了不影响课堂质量,教师必须灵活机智地处理这些偶发事件,必须具备一定的课堂机智技能。

在探讨什么是机智技能之前,我们必须首先了解什么是偶发事件。偶发事件是指突然或偶然发生的且对当前正在进行的活动产生较大消极影响的事件。课堂偶发事件是指在课堂上偶然发生的、引起多数同学注意的、对课堂教学的正常进行有较大影响的事件。课堂偶发事件与课堂学生的问题行为是有区别的,它具有以下特点:一是它吸引了绝大多数学生的注意,对课堂教学的正常进行产生了较大影响;二是它是偶发或突然发生的,教师在备课时往往难以预料,难以事先做好相应的应变准备;三是它虽然常常是由学生引发,表现为学生的问题行为,但并不全都是由学生引发的,并不都表现为学生的问题行为,比如一些偶然发生的自然现象、教师自身的工作失误等,也可能成为课堂偶发事件的发生源。

1.2 机智技能的作用

课堂上偶然发生或突然发生意外事件的概率虽然不是很大,但是一旦发生了,教师如果不能进行及时有效地应对和处理就会影响正常的课堂教学秩序,甚至使课堂教学无法进行下去。例如,在课堂上,厌学或对教师有意见的学生故意捣乱时,缺乏课堂机智技能的教师如果进行粗暴地处理,可能会进一步引起该学生的逆反心理,进而出现与教师顶嘴,甚至动手的局面,使课堂教学无法正常进行下去,使教师陷于尴尬。掌握机智技能的教师通常会设法转移矛盾的焦点,理性而又满怀爱心地应对,使课堂教学能继续正常进行。

总之,机智技能有利于教师最大限度地消除无关因素对正常课堂教学秩序和教学效果的影响,有助于提高学生的思想认识,树立教师的威信,建立良好的师生关系,并能以偶发事件为切入点对学生进行教育转化工作。

第9章 机智技能

1.3 机智技能的原则

为了得当处理偶发事件,教师在运用机智技能时必须遵循以下几条原则:

(1) 高度负责,满怀爱心。

在课堂教学中,有些偶发事件往往会使教师感到自己的尊严受到挑战,感情受到伤害,威信受到损害,因而教师非常容易采用居高临下,甚至是以粗暴的方式对待偶发事件的制造者,这是不可取的,也是不应该的。但是,教师对偶发事件亦不能听之任之,这势必会对教学质量产生不良影响,而且也是教师职业道德所不允许的。在偶发事件的处理上,一定要贯彻高度负责和满怀爱心的原则,善于从偶发事件中把握学生的思想动向、内在动机,并抓住偶发事件这一契机来开展教书育人的工作。只有这样,才能使学生心服口服,才能达到迅速稳定课堂秩序、教育广大学生和提高教育教学质量的目的。

(2) 沉着冷静,果断谨慎。

教师在处理课堂偶发事件时,切记勿急躁冲动、感情用事,应沉着冷静、理智和认真地先观察,进而弄清楚事件的来龙去脉、是非曲直和背后隐藏的问题,接着做出准确的判断并急中生智地找到应对当前偶发事件的有效策略。

通常情况下,由学生引发的课堂偶发事件占课堂偶发事件的主要部分。在处理由学生引发的课堂偶然事件时必须考虑偶发事件的性质,不能一概而论。一般来说,对那些因品德不良引发的偶发事件,教师必须在思想上予以高度重视,要晓之以理、动之以情地进行严肃的批评和转化教育;对那些因调皮、情不自禁、无知引发的偶然事件,教师应在长期的教学中有意识地帮助他们改正不良的行为习惯;对于因自身工作、事物或外界干扰引起的偶发事件,要善于出奇制胜、超乎常规地加以解决。对上述三种性质的课堂偶发事件进行有效应对处理是需要一个过程的,这个过程是教师对经验不断总结的过程。

因为课堂教学是一个严密而连续的逻辑体系,所以在处理偶发事件时教师除了要沉着冷静,还需要果断谨慎。具体说来,果断体现在当课堂偶发事件发生时,教师必须尽快应对,不要慢慢思考和琢磨,因为教师的迟疑不决而不处理偶发事件会导致课堂秩序的混乱;处理方式、方法要妥当,针对性要强,策略要巧妙,切忌仅仅依靠教师的权威去压制学生。对于刚刚走上教学工作岗位的年轻教师,在处理课堂偶发事件时尤其要认真贯彻这一原则。

(3) 机智灵活,掌握分寸。

教学机智是教师在教学过程中表现出来的聪明才智,是教师应对处理课堂偶发事件的一种重要的智力品质,其中包含着教师深刻的洞察力、灵活的应变力、敏捷的反应力和巧妙的组织引导力等多种智力因素。机智灵活地处理课堂偶发事件要求教师运用教学机智,在对偶发事件进行明确判断和严密分析的基础上,及时地运用巧妙的策略对学生进行组织和引导,这样既能保持良好的课堂教学秩序,又能出人意料地有效解决问题。

掌握分寸是指教师在对课堂偶发事件进行处理时,情感的流露、措施的宽严、批判语言的措辞等都要适度,即要因人而异。

1.4 机智技能的训练

机智技能的训练主要包括以下几个方面：

(1) 学习相关理论知识。

教师要学习机智技能的教材并查找阅读教学中关于机智技能的材料,掌握机智技能的基本知识,为机智技能的训练奠定基础。在学习机智技能的基础知识时,要思考、掌握以下内容:机智技能的作用;结合学科实际,举例说明课堂偶发事件应变处理的原则、具体技能、应注意的问题及所要达到的目标;机智技能训练的程序和评价指标体系。

(2) 学习、观摩和分析讨论典型的课堂偶发事件应变处理实例。

学习、观摩典型的课堂偶发事件应变处理实例,然后联系相关理论知识进行分析探讨,并总结经验和教训。

(3) 广泛收集课堂偶发事件应变处理的良好案例。

广泛收集课堂偶发事件应变处理的良好案例,然后资源共享,以掌握常见课堂偶发事件应变处理的基本技能。

(4) 模拟训练。

在以上学习的基础上,以 10 人为单位进行分组,组中每个成员都轮流充当"教师",对一定的内容进行讲解,其余成员充当"学生",在教学中"学生"制造偶发事件,让"教师"进行应变处理,以此来训练"教师"对课堂偶发事件的应变处理技能。

机智技能的训练可以采用下列方式,它们对于培养和提高机智技能有着非常显著的效果:

(1) 个案讨论。

选择有代表性和典型性的机智技能运用案例三至五个(同学设计的、摘录的均可)进行展示(用多媒体课件、幻灯片、挂图、实物投影等均可),并对照学习过的机智技能理论进行讨论。

(2) 交流评阅。

指定一定的教学内容,充分畅想在讲授该内容时可能会出现哪些偶发事件。将这些偶发事件进行整理,然后各自提出自己的应变方法,再进行交流与分享。

(3) 实践训练。

指定教学内容,以 10 人为单位进行分组,组中成员轮流进行教学,而其他成员则扮演"学生"。在教学中,要求"教师"提问"学生",而"学生"的回答不必是正确答案(只要看似合理就行),以此来训练"教师"的机智技能。另外,"学生"亦可以在合理范围内制造偶发事件,从而训练"教师"的机智技能。

本训练不宜采用在中学教学一线进行观摩的方式,因为我们很难知道在哪一节课中会出现偶发事件。

第 9 章　机智技能

1.5　机智技能的类型

依据起因，可将课堂偶发事件分为两类：一类是由教学系统的外部因素所引起的；另一类是由教学系统的内部因素（教师、学生、教学内容等）所引起的，如来自教师的失误，学生的分心、想出风头、纠纷、恶作剧等。当课堂上出现由这些原因带来的偶发事件时，教师应如何妥当应对呢？下面介绍几种常见的应对技巧：

（1）以静制动。

以静制动是指教师采用故意突然沉默不语的方式来处理课堂偶发事件。课堂上，教师突然沉默不语的突变性往往会吸引学生的注意力，从而将学生分散的注意力重新吸引到当前教学内容上。在上课时，若出现了学生哄闹、骚动的情况，教师不可恼怒，但可以采用突然停止讲课、以静制动的策略。这一技能在课堂教学中经常被教师使用。

（2）不变中求变。

即使是经验非常丰富的教师也很难在备课时预测到课堂上可能发生的一切，也就是说课堂上所发生的事件可能超过原来的设想。此时，教师万万不可仍强行按照原先备课中的教学设计继续教学，而应根据实际情况，在不变中求变。所谓"不变"，是指临时应变不能完全偏离原先的教学设计；所谓"变"，是指教学语言、方法、模式、过程等应随课堂实际情况灵活改变。

（3）借题发挥。

所谓借题发挥，是指教师把课堂教学中的偶发事件巧妙地融进自己的教学之中，利用课堂教学中出现的意外情况，借题发挥，故作"文章"。但需要强调的是，借题发挥不能偏离主题。

（4）巧妙暗示。

课堂秩序较为混乱、学生上课精力不集中时，教师可视情况用语言、眼神、手势等来暗示，使学生精力集中，以维持良好的课堂秩序。

（5）个别提醒。

对于课堂上注意力不集中的学生，教师除了可以巧妙地暗示之外，也可以用个别提醒法。教师可以边讲课边走到学生身边，或亲切地摸摸他的头，或用手轻轻地敲敲他的书本和课桌，提醒他把注意力集中到学习上来。当然，在含蓄的暗示不起作用时，便可采用当众提醒法，但切记千万不能伤害学生的自尊。

（6）重点提问。

对于精力不集中的学生，教师除了采用巧妙暗示与个别提醒这两种方法之外，还可以采用重点提问法，即通过个别提问，强迫他把注意力转移过来。另外，如果教师讲课时一时接不上话茬，或由于紧张暂时把某个问题忘记了，也可以采用提问法，在提问学生的同时调整一下自己的思路，使自己尽快地接通思路，顺利地讲下去。

（7）幽默调侃。

在课堂上教师适度的幽默调侃，既能唤起学生注意，避免发生分心型偶发事件，又能舒展师生紧绷的神经。

(8) 褒中掺贬。

教师对课堂上爱出风头、恶作剧的学生,可以批评,也可以表扬,但最好是褒中掺贬,以表扬的形式,唤醒他的注意,使他自觉改正自己的错误。

(9) 妙语补失。

课堂上教师有时说错了话,可用妙语来补失;说漏了的,也可以待机补全。

(10) 因势利导。

所谓"势",是指事情发展所表现出来的趋向。处理课堂偶发事件时,要注意发现和挖掘事件本身所表现出来的积极意义,然后或顺势把学生引回原路,或逆势把学生拉向正轨。例如,某一意外事件的出现激发了学生的好奇心,而教师要想让学生重新注意原定的教学内容已十分困难,此时,教师只能采用因势利导的应变技能了,即利用学生当前好奇心集中指向的对象开发教育契机。

(11) 实话实说。

有些教师在面对自己在课堂上出现的讲解错误、板书错误或实验操作失误时,碍于面子,不加纠正,这是绝对不行的。大多数教师能够在意识到问题后,借错生智,来个将错就错,及时对学生说"你们好好想一想:老师刚才讲的对吗?能不能……"。听了教师的提醒,学生就会重新审视和思考,从而发现错误。这不失为一种良好的教学机智。但是实话实说,不掩饰错误,同样能够取得良好的教学效果。

第二节 案例展示

案例1 探究物质的密度(物理)

【课堂实录】

老师:这是我们今天要做的实验。那么,如何研究固体的质量和体积之间的关系呢?

学生:先用天平测出固体的质量 m;再用量筒测出水的体积 V_1,并将固体放入水中,测出体积 V_2,固体体积 $V=V_2-V_1$。

老师:对,用这种方法可以很方便地测出固体的质量和体积。这也是我们今天要做的实验。今天我们要做的实验分为四个大组:第一组,测水的质量和体积的关系,做完实验,测完数据后,最后要关注质量和体积的关系,找出这个关系。第二组,给出三个橡胶塞,大小不相同,找出质量和体积的关系。第三组,给出几块长方形木块,找出质量和体积的关系(注意体积可以直接测)。第四组,给出一串小螺丝母,找出质量和体积的关系。注意每组都要找质量和体积的关系。这个关系怎么找?有了质量和体积之后……

学生:做加、减、乘、除运算。

第 9 章　机智技能

老师：对，没什么好办法，只有做加、减、乘、除运算。那么，对于加、减、乘、除运算来说，一个质量与一个体积可以加或者减吗？

学生：不能。

老师：不是同一物理量，单位也不同，不能加或减，因此只能乘或除。因为数字不好计算，那么我们利用计算器。先乘一次，再除一次，看哪组数据有规律。那么，实验内容就介绍到这里。下面说一下注意事项：(1) 实验误差的处理。读数时，若水不在刻度线上，我们可以往量筒里滴几滴水使它和刻度线齐平，这样便于读数和计算。(2) 液体测量时，液体要多一点，减小误差。(3) 要注意安全，以防意外发生；实验时要保持安静；商量和讨论限于本组之间；实验完毕后要注意实验仪器的整理。好了，开始实验吧！

[学生分小组做实验，老师监督、指导、帮助，大约 12 分钟]

老师：下面来看数据，咱们分析一下。第一组测水的质量和体积关系这个实验操作起来比较慢，咱们先看一下第二组的数据。先看除，质量比体积得到的数据是 1.5,1.5,1.6；乘呢，分别是 62.3,97.6,308。从这些数据看是乘的有规律还是除的有规律？

学生：除的有规律。

老师：是除的有规律吧？1.5 和 1.6 相差不多吧？那么再看看其他同学的数据。他们保留的小数位数多一些，除得到的是 1.525,1.6,1.56，都在 1.5 左右。因为咱们在读数的时候可能读得不太好，所以误差比较大。咱们再看第三组螺丝母的数据：比值分别是 8.5,8.1,8.4。再看小木块这组的数据：质量比体积的值是 0.6,0.6,0.6。他们还试了体积比质量，分别是 1.7,1.5,1.7。这个是做得非常好的。同样咱们选用不同的物质，都得到一个质量和体积的关系。第一组：$m_水/V_水 \approx 1$，单位是 g/cm^3；第二组：$m_{橡胶}/V_{橡胶} \approx 1.5$，单位是 g/cm^3；第三组：$m_木/V_木 \approx 0.4$，单位是 g/cm^3；第四组：$m_铁/V_铁 \approx 8.4$，单位是 g/cm^3。那么，从这几组数据看出，同种物质质量和体积的比值基本相同，不同物质质量和体积的比值不同。这正反映了物质本身的一种性质。

老师：我们就把质量与体积的比值叫做密度。用密度来表示物质的特性。那么密度和什么有关呢？

学生 1：质量。

学生 2：体积。

老师：我们再看看结论：同种物质质量与体积的比值相同，不同物质质量与体积的比值一般不同。

学生 3：物质，物质的密度和物质有关。

老师：对。我们把质量与体积的比值叫做密度。同种物质质量与体积的比值相同，不同物质质量与体积的比值一般不同。这就是说，同种物质的密度相同，不同物质的密度不同。所以说，物质的密度和物质本身有关。好，我们再来看看密度的物理意义。

【专家点评】

由于随机遇到的问题是预先不能料到的,在教学中间的随机处理就对教师提出了更高的要求。虽然回避是一个可选择的方案,但是往往不一定是最佳的方案,因为问题仍然停留在学生的脑子里。好的随机处理是抓住随机出现的事件,将其转化为体现深层次或更内在层次的教学目的的教育教学素材,并自然、简短、意义鲜明地及时做出巧妙处理。此处学生在寻找数据之间的关系时,采用了体积与质量之比,这就是一个随机事件。教师明确指出了"很好",但没有从科学方法角度给予更积极的分析。在倡导科学探究的新课程教学中,让学生在体验自己提出对问题的解决方法以及审视方法科学性的过程之后,最后才落在历史与现状的常态表现,对培养科学探究能力是必要的。与此处体积与质量之比类似的问题,会出现在速度定义的教学中,而我们都知道,用单位距离所费时间表示运动的快慢,已经被作为科学评判方法应用于体育赛事之中。

案例 2　商不变的性质(数学)

【课堂实录】

[PPT 展示 6÷3=2(个),60÷30=2(个),600÷300=2(个)]

老师:看看这组算式,你发现什么? ＊＊同学,你来说一下。

学生 1:一个一个地加。

老师:什么一个一个地加?

学生 1:"6"后面的"0"一个一个地多了。

老师:哦,你发现"6"后面的"0"一个一个地多了,不错!请坐!还有发现吗? ＊＊同学,你说说。

学生 2:它的除数增加了 10 倍,原数也增加了 10 倍,得出的数还是 2。

老师:不是增加,应该是扩大,是扩大 10 倍,对不对?

学生 2:嗯。

老师:我们看这里什么在变?[PPT 展示]

学生:被除数和除数。

老师:被除数和除数在变。什么没有变?

学生:商没有变。

老师:商没有变,是不是?

学生:是。

老师:如果猴王接着往下分,猴王该说多少个桃子,多少只小猴子? ＊＊同学,你来说。

学生 3:6000 个桃子分给 3000 只小猴子,等于 2。

老师:3000 只小猴子,没错吧?

学生:嗯。

第9章 机智技能

[板书 6000÷3000＝2]

老师：小猴子还会嚷什么？

学生：不够，不够。

学生4：我还有别的方法。

老师：[没有回答]……

【专家点评】

怎么对待孩子的"我还有别的方法"？这里教师让学生们猜猴王还可以怎样分桃子，学生们自然想到了6000除以3000，这时有个学生突然说"老师我还有别的方法"，可是教师没有倾听他的想法，没能做出机智的妥善处理。如果这个学生的想法跳出了6000和3000这个圈子，这不正是商不变性质更有力的说明吗？学生的想法如同火花稍纵即逝，我们应该认真倾听并能及时回应。

案例3 重力（物理）

【课堂实录】

老师：当细线悬挂了物体之后，细线下垂的方向正好和重力的方向是一致的，所以我们把这条线叫做重垂线。大家想一想，在我们的日常生活、生产中，有没有应用到重垂线的例子？

学生：有。

老师：有同学举手了。＊＊同学，你来说。

学生1：比如说垒墙的时候，在小锥上面拴根绳子，就是重力的应用。

老师：就是重垂线的应用。他说的意思我明白，大家听明白了吗？

学生：听明白了。

老师：好，我们先来看一下图片。[PPT展示]

老师：瓦匠在垒墙的时候，为了检验墙是否竖直，在它的顶端悬挂一条重垂线，看看墙的边和重垂线是否……

学生：平行。

老师：如果平行了，说明这墙垒……

学生：垒直了。

老师：说明这墙是竖直的。除了这个应用，还知不知道其他的应用？＊＊同学，你来说说。

学生2：可以测量桌子平行不平行。

老师：他说了，可以测量桌面……这叫什么？

学生：水平。

老师：那你能不能说一下是怎么测量桌面是否水平的？

学生2：用线拴一个小球，让拴小球的线垂直向下，从桌子上扔下来一个物体，看看跟拴小球的线平行不平行。

老师:从桌子上扔下一个物体?我没太听明白你刚才的意思。需要用重垂线,还需要什么工具?

学生2:三角板。

老师:还需要三角板,是吧?

学生2:对。

老师:那这样,你能不能上前面给大家演示一下?正好我也想知道这张讲桌水平不水平。你再请一位帮手。

学生2:可以呀!

老师:那么咱们让他们来演示一下,怎么用重垂线来检验桌面水平不水平。

[学生演示]

学生2:将这个线垂直拉起,看看线与桌子的位置关系。

【专家点评】

此处,由学生表述不清改为让学生演示的随机处理,表现了教师在教学组织中的应变能力。能否及时抓住课堂上发生的鲜活情境,做出妥善的随机处理,是实现教学目的、体现教育思想、激发学生情感、开展态度价值观教育的有效手段,也是备课方案的实施所不能替代的。

建议:当学生对自己的想法表述不清时,适当帮助学生梳理思路、学习表述;当出现"平行"、"垂直"的两种说法时,不简单地说都对,而是引导学生把与其对应的条件说清楚。

在初中物理教学中,学生常常习惯只说关键词,而不是根据情境与概念做出逻辑线条清晰的论证。这不仅是一个培养物理言语能力的问题,还是严重影响物理思维的培养和学生正确地独立解决问题的问题。在课堂上,教师的话给出具体情境,学生处于学什么、用什么的心理状态,一问一答,顺顺利利的感觉掩饰了对概念、规律应用条件与过程的逻辑分析,然而这一点却正是学生独立解题的隐患。

案例4 客人到我家(语文)

【课堂实录】

老师:好,现在马上打开书,把书上的小红马通过你们自己的努力变成小黑马。开始!自己写,写字的时候一定要有顿笔和收笔,写字姿势一定要正确,这样写出来的字才最漂亮。把小红马变成小黑马就可以了,写完后就坐好啊。老师看看,不错。写得漂亮么?

学生:漂亮!

老师:好了,写完了就坐好。老师发现了,大家很喜欢小动物,好多人都多写了一个,是么?嗯,现在老师的手也痒痒的了,老师也想写一个,行么?

学生:行。

老师:那老师写一个,你们给老师指导指导,行么?

第9章 机智技能

学生：行。

老师：那抬起眼睛，不对，应该抬起头，看老师写。看大家这么认真，老师都高兴了，是不是？[板书]好，第一笔，你们给老师说第一笔是什么。

学生：横折。

老师：第二笔是……

学生：竖折折钩。

老师：最后一笔是……

学生：横。

老师：＊＊同学，请你来说一下老师写得怎样。

学生1：竖钩太小了。

老师：哎哟，老师谢谢你的建议，竖钩太小了，是么？那么老师一定改，现在你再看看。有的同学写好了。如果你觉得不够漂亮，你把它擦了重新写，或者在下面再写一个，好不好？老师也再练一个。写完了可以看看黑板，跟你自己的比较比较。写字姿势，把小腰板挺起来。后面的同学都写完了。

学生2：讨厌。

老师：咦，同学之间要相互尊重。他碰你了，是么？同学之间要包容。好了，写完了么？

学生：写完了。

老师：抬头看看黑板，觉得自己写得比较漂亮的同学举手。哎哟，太恭喜你们了，你们都成小小书法家了，写得那么漂亮嘛。那我们现在把书合上，放在桌子左上角。看看谁的动作又轻又快。我们不仅学了拼音又学了汉字，这样的话，我们就可以读书，看文章了，这可是个大本事。接下来就到我们的快速阅读10分钟了。看看一会儿谁读得又快又好听。读完四篇小文章后，在它的旁边画四个小旗子作为奖励，明白了吗？

学生：明白。

【专家点评】

在学生练习写字中，一句"讨厌"让教师及时走近那两个同桌的学生，并及时给予适当的德育教育，这体现了教师对课堂偶发事件的应变处理技能。这是一节常态课，经常发生的小意外倒让我们能看到孩子的真实、可爱以及需要的教育。

第三节 应用指导

3.1 机智技能的注意事项

圆满地处理课堂偶发事件，不但会使学生的注意力迅速转移到课堂教学内容上，而且学生（如果偶发事件的引起者是学生）的自尊不会受到伤害，教师在学生心目中的形象也更加良好。教师运用机智技能时需注意以下几点：

（1）时刻牢记课堂偶发事件应变处理的宗旨。

任何课堂偶发事件的应变处理都必须为将学生的注意力从偶发事件引导到即将开展的课堂教学上或正在进行的课堂教学内容上这一宗旨服务,偏离这一宗旨的偶发事件的应变处理是不合理、不科学的,也是无意义的。

（2）注意课堂偶发事件应变处理的随机性。

课堂偶发事件应变处理的随机性并不是指教师对偶发事件的应变处理可以随便和简单,而是指应变处理应因时制宜和因人而异,不可千篇一律,盲目地循规蹈矩。这随机性是由偶发事件的偶然性和突发性所决定的。

（3）课堂偶发事件的应变处理应尽可能避免伤害学生的自尊。

教师在处理由学生这一教学系统内部因素所引起的偶然事件时一定要尽可能地避免伤害学生的自尊,不可凭借自己所谓的"权威"粗暴地处理偶发事件。事实上,教师地位的形成依靠的是自己的专业水平、人格魅力和良好的师生关系等。

（4）课堂偶发事件的应变处理应讲求艺术性。

教师对课堂偶发事件的应变处理需讲求艺术性,比如语言含蓄但有力,幽默中带有威严,等等。

（5）对课堂偶发事件处理的时间要得当。

课堂偶发事件的处理既不能占用太多的课堂时间,影响教学任务,也不能为了节省时间而草草了事。总之,偶发事件的应变处理占用课堂教学时间要得当。

3.2 机智技能评价量表

我们设计了如下的机智技能评价量表,以便于教师及师范生对机智技能进行评价：

课题					
科目		年级	课型	评价人	
评 价 项 目				评价成绩	参考权重
课堂偶发事件应变处理因时制宜					
课堂偶发事件应变处理因人而异					
课堂偶发事件应变处理为教学宗旨服务					
课堂偶发事件应变处理的艺术性					
课堂偶发事件应变处理的有效性					
课堂偶发事件应变处理时间安排的合理性					
总 成 绩					

第10章 组织技能

第一节 技能概述

1.1 组织技能的概念

组织教学,是指在课堂教学中,教师集中学生的注意力,维持教学秩序,建立和谐的教学环境,引导学生学习,协调各种教学因素,实现预定教学目标的过程。组织教学强调三个方面:第一,强调教师行为,课堂教学如何组织取决于教师预先的谋划和设计;第二,强调课堂教学组织的指向要服从预定的教学目标,从而顺利实现教学目标;第三,强调课堂教学组织要注重如何能使教学过程有序、课堂气氛和谐,如何能有利于加强学生注意力的集中。

组织技能也就是控制技能。课堂教学是教学的基本组织形式,教师进行课堂教学,不仅是"教",更重要的是组织学生"学"。组织教学在课堂教学中是非常重要的,无论其他教学环节准备得如何缜密、完善,如果课堂教学组织不力,整个教学效果都会受到影响。科学地对课堂教学进行组织和管理是教学成功的重要因素,也是教学艺术的一个重要部分。

1.2 组织技能的作用

组织教学主要表现为教师对课堂的有效管理,是为学生参与课堂活动营造有利环境的过程。重视课堂管理,学会课堂管理,对有效提高课堂教学质量具有十分重要的作用。具体体现为以下几点:

(1) 陶冶性情、激发兴趣。

教师组织教学的过程是对课堂中的人、事、物等各个方面有机协调的过程,其主要目的就是为教学的顺利进行创造有利的条件,使学生在愉快、轻松的氛围中学习。因此,有效的课堂组织教学能营造充满教育性和启发性的教学情境。教师设计各种有效的教学活动,运用各种教学技术,采用各种形式组织课堂教学,保持和调动学生的学习兴趣,在潜移默化中陶冶学生的性情,有效地推动学习进程。

(2) 增强自信和自控能力。

在课堂教学中,不同的组织方式对学生的学习、思想、情感等方面会产生不同的影响,而且也会直接影响学生的自信心和进取心。在组织课堂教学时,可以根据每个学生的具体情况,因势利导,进行有理、有利、有节、有序的教育,保护和强化学生学习的自信心。有效的课堂组织教学营造的氛围有利于学生的自我约束,有助于教师的外在控制转化为学生的自律,发展学生的自控能力。

(3) 创造良好课堂氛围、增进教学效果。

有效的课堂组织教学可以创造一种生动活泼、积极和谐的学习氛围。学生在这种良好的氛围中求知欲增强,学习思维变得活跃,能积极主动地接受知识。学生的参与度提高,学习的潜能被发掘,课堂的互动性提高,这些有利于圆满地达到教学目标,完成教学任务。

1.3 组织技能的原则

(1) 系统性原则。

课堂教学的诸要素构成一个教学系统,课堂教学的组织需要考虑整个系统中各个要素的相互关系。课堂教学的组织要充分考虑系统性的原则,只有经过认真选择与组合,才能保证各种方法相互配合,形成一种有机联系的方法系统,使方法得到最优化,保证课堂教学的高效性。

(2) 科学性原则。

课堂教学的组织应当以科学性为指导,从校情、班情、学情等实际情况出发,尊重教育一般规律和学生的生理、心理发展规律,树立科学的教学观、学习观和评价观。只有本着科学性的原则组织课堂教学,才会达到预期的教学效果。

(3) 效果性原则。

追求课堂教学效果的最大化应当是课堂教学组织的核心原则。课前教师要确定和组织教学内容,分析学生的理解和接受水平。哪些属于需要巩固的知识、哪些属于新知识,哪些需要将知识转化为能力等问题都要有详细的计划,而且对于预期的效果也应考虑充分,这样才能使课堂教学效果最大化。

(4) 以生为本原则。

课堂教学的组织应当以学生为本,以促进学生的全面发展为目标。在组织教学时,教师要提前进行学情调查,做到切实从学生实际出发,采取更切合学生生理、心理和学习水平的教学策略和教学方法,以最适合的方式促进学生的发展。

1.4 组织技能的类型

我们可以根据课程设置的性质将组织技能分为显性组织技能和隐性组织技能。二者各有侧重,但又经常融合在一起。

1. 显性组织技能

显性组织技能,是指教师为了引导学生参与教学活动,调动学生的积极性,完善教学结构而采取的行为方式。

第 10 章　组织技能

在课堂教学中,显性组织技能主要体现在课堂教学的组织、教学时间的安排、教学内容的组织和师生交互的组织四个方面。

1) 课堂教学的组织

按照课堂教学的进程,可以将课堂教学的组织分为以下几个阶段:

(1) 预备阶段的教学组织。这个阶段是课堂教学组织的前奏,也是教学组织的基础,组织得好坏直接影响着一节课的成败。

(2) 引入阶段的教学组织。这个阶段是教学组织最有力的阶段,是教师带领学生了解教学目标的开始,是激发学生学习兴趣的开始。良好的开始可以产生教学的向心力和凝聚力。

(3) 授课阶段的教学组织。这个阶段是一节课的主要环节,也是关键环节。课堂教学组织的功能作用主要体现在这一阶段。

(4) 总结阶段的教学组织。这一阶段是总结、巩固的阶段,一节课所学的知识需要在这个阶段进行梳理,使之条理化、系统化。

2) 教学时间的安排

一节课的时间有限,教师应根据教学内容及学生的情况合理安排课堂教学时间。课堂教学时间的划分,没有固定的模式,要从具体的教学实际出发,灵活应用。

根据学生听课的注意力集中程度,一般可以将课堂的教学时间大致划分以下几个部分(不包括预备阶段的教学时间):

(1) 引入激发兴趣:2～5 分钟;

(2) 新课教授环节:20～25 分钟;

(3) 总结反馈阶段:5～10 分钟。

3) 教学内容的组织

教学内容的组织是实现课堂教学组织的关键,它直接影响到整节课的教学效果,因此要认真设计教学内容的组织。

教学内容应从以下几个方面进行组织:

(1) 定向:教学内容的组织应遵循一定的目标,具有导向性。教学活动是教师有目的、有意识的控制活动,对教学内容的组织也应做到定向控制。

(2) 定度:明确教学内容应达到的程度和水平,恰当地进行课堂教学组织。教学要定度,应从学生的实际学习需要、学习结果出发,扎扎实实地提高教学质量。

(3) 定序:教学内容的组织还应遵循一定的顺序。教师应做到层次分明、循序渐进。每一个教学环节的安排都要详尽地计划。但是,在实际教学中,会出现"教学的序"与"学生的序"相矛盾的情况,这时必须以学生的认知活动为前提,灵活调整。

4) 师生交互的组织

在课堂教学中,师生交互的组织一般有全体教学组织、小组教学组织和个别教学组织三种方式。

（1）全体教学组织：在全体教学组织中，教师的交互对象是全体学生这个统一的整体，是较常见的一种交互方式。在这种方式中，可以是教师的单向讲授，也可以是师生之间的双向交流。这种方式充分体现了班级授课制的优点。

（2）小组教学组织：在小组教学组织中，学生按照不同的程度和性质分组，这样一种多向的网状交流结构有利于教学的组织和安排，在一定的程度上扩大了教学信息的交流，但是对于教师的组织和管理要求也更高。

（3）个别教学组织：个别教学组织方式使每个学生都有机会接受教师的及时指导，便于教师了解每个学生的学习情况，增进师生之间的交流，但是要求有个别辅导的时间和做到有侧重点，不能因局部而影响全局。

2. 隐性组织技能

隐性组织技能，是指教师为了引导学生遵守课堂纪律，维持课堂秩序，建立和谐的教学环境而采取的行为方式。

好的教学环境和氛围能让学生受到潜移默化的影响，有效地推进教学，提高教学质量。影响课堂教学质量和氛围的因素有：物理因素（空间、光线、位置等）、情感因素（美感、秩序感等）、效用因素（任务完成的合适性、教学目标的准确性）、认知因素、社会因素（学生之间、师生之间的关系）等。

教师可以通过一些生动、具体的实物（例如图片、模型）以及信息技术的手段来展现教材内容，丰富学生的感性认识，以达到设置教学环境和氛围的目的，也可以通过生动的语言来表现教学内容，从而营造出与教学内容相关的氛围。

隐性组织教学技能的发挥可以借助以下几种教学效应：

（1）公平效应。

课堂教学需要运用公平效应去激励学生，这就要求教师对学生一视同仁。教师在组织课堂教学中应做到公平，充分照顾到各个层次和水平的学生，做到因材施教，让学生把公平的待遇转化为学习的动力。

（2）角色效应。

在课堂教学的组织中，运用角色效应主要体现在心理位置的互换，教师能做到从不同的角度考虑问题，心理认同、互补，激励学生发挥积极作用。

（3）成就效应。

教师的成就心理是课堂教学取得良好效果的基本前提。在课堂教学组织时，应通过教师的成就心理，充分发挥成就效应的教学功能。同时，教师的成就心理可以感染学生，对学生学习动机的激励是积极的。

（4）期望效应。

教师可以将期望效应运用到课堂教学中，在组织课堂教学时，多给予学生期待和信任，这样可以缓解学生的紧张心理，也可以促使学生积极思考。教师的期望可使学生感到一种莫大的信任，这是一种积极的力量。

第二节　案例展示

案例1　戒烟(语文)

【课堂实录】

老师：像咱们平常见到的"爸爸"那样，他与大多数"爸爸"一样吗？

学生：不一样。

老师：不太一样，是吧？哪些不一样，你得说出来，说完后得找出根据。＊＊同学，你来说。

学生1：嗯，首先"爸爸"没教育人。

老师：嗯？

学生1：很会利用贝利的个性。

老师：因为什么？

学生1：嗯，因为第十九段……第十九段说……嗯……"我是一个"……嗯……"我知道我的个性，而且在那个年龄我是容易感性冲动，而轻举妄动的。要是他当时狠狠地骂了我一顿很可能反而会激起我的反抗。"这说明……嗯……这说明那个爸爸……那个……直……很直……婉转的语言来教育他，充分地抓住了他这个……这个性格的特点。

老师：啊，抓住他的性格特点，"爸爸"说那些话，就是因为抓住他的性格特点说的，是吧？他很逆反了，你要是给他一顿，他会怎么样啊？倒不服气了，适得其反，抽得更凶了，是吧？这是他说的。还有呢？＊＊同学，你说说。

学生2：我觉得"爸爸"是和善的。

老师：哎，和善的。

学生2：是从第三段看出来的，就是……就是从"他看到了现在也不会再坐在这里了，他早就拧着你的耳朵拖你回家了"这段看出"爸爸"是很和善的。

老师：＊＊同学说"爸爸"很和善，我怎么读不出来。要是平常怎么样呀？

学生：早就拧耳朵了。

老师：估计平时对他要求挺严的，是吧？但是这一次"爸爸"表现得怎么样呀？

学生：和蔼。

老师：非常和蔼，因为遇到了这样的事情的话，他要讲求方法，是吧？[手指到一位同学]

学生3：第六自然段，说明他教育非常有耐心。

第二节 案例展示

老师：嗯。

学生3：嗯，就是"他一直保持着耐心。"

老师：一直保持着耐性，教育孩子特别有耐心。＊＊同学，你也想说说，是吧？

学生4：他非常冷静，在第一自然段看出。

老师：非常冷静。

学生4：嗯，非常冷静。"父亲刚好走过，他向我们招手没说一句话就走了"，这就说明他看到这个，他遇到了"我"抽烟这样的大事，他没有像那个……＊＊说的拧着"我"的耳朵走，把"我"拖回家了。他也非常严格。他保持着耐性，说明他自己挺希望打"他"一顿的，但是他还是保持耐性，好好教育"他"。

老师：嗯，这个说得特别好，保持耐性。他心里面实际上是怎么样的？他平静吗？在"爸爸"的心里真那么平静吗？他还是挺什么呀？生气的，着急的，是吧？"儿子"要是学坏了怎么办呀，他还保持耐心去教育，这点特别说明了"爸爸"对孩子很……

学生：有耐心。

老师：为什么要保持耐性呢？

学生5：因为觉得冲动的话会适得其反。

老师：哦，会适得其反，得尊重这个孩子，是吗？得跟他保持一种像什么样的关系呀？

学生：朋友。

老师：平等地对待他。＊＊同学，你说说。

学生6：就是从第十三段看出来的，那里有这样一句话，"他说那一次像朋友一样跟我谈。"

老师：哦，像朋友一样跟"我"谈，还是对贝利特别和善友爱，尊重他。这句话我们好理解，这个"爸爸"还是对孩子特别尊重，要教育孩子让他改正自己的坏毛病。但里面有一个地方，我总觉得有点……他最后这样说，"你要是抽烟，我给你钱"。这个你们怎么想呀？这不是惯他吗？过分了吧？给他钱，你们怎么想？

学生7：我觉得是他在让他自重。

老师：让他自重，是吧？那怎么让他自重呢？

学生7：就是……如果……你要是不听的话，那么我给你钱就是了，对他有一种……就讽刺他的意味。

老师：这里是想讽刺他吗？是想让他自重，是吧？但是不是讽刺他？"给你钱"，那到底是怎么回事呀？＊＊同学，你来说。

学生8：应该是……嗯……他知道了贝利……了解……贝利了解他挣钱很不容易，所以……嗯……贝利肯定是不会好意思向他要钱的，而且他也觉得……嗯……如果贝利老是去讨别人的烟抽吧，会让别人瞧不起"他"，这样想让"他"自重。

老师：嗯，自重。那么通过这些理解，如果你作为这个"爸爸"，可能心里面就会感觉到比较复杂,对孩子这些所作所为心情会很复杂。

【专家点评】

该教师能及时纠偏。学生理解课文细节出现偏差,教师及时指出问题,加以矫正。此时课堂气氛活跃,学生能够积极参与,教与学的关系比较和谐。

案例2 一次函数(数学)

【课堂实录】

老师:我请一个同学说一下,他是怎么解决这个问题的。来,谁愿意说一下这个问题?现在已经有两名同学举手了,三名,啊,越来越多了啊,还有没有?好,第二个男生来说。

学生1:老师,是我吗?是先从……那个……14天到15天连续下雨用了3米,然后就能知道……那个……两个小时放水2.8米,就能求出原来一共应该是34米。

老师:原来是34米吗?

学生:原来是30米。

老师:有争议。你先请坐。来,**同学,你说说。

学生2:应该是先设……嗯……原来的解析式为$y=kx+b$,然后是……嗯……从那个图上可看出来在第14天时降雨高度是18米,这就可以列出一个一次函数……嗯……解析式为$18=14k+b$,然后还可以……嗯……看出15天时……嗯……它的降水高度达到了21米,又列一个方程是$21=15k+b$。这是一个方程组,可求出……解出$k=3,b=-24$。然后他就问……嗯……在……嗯……多少天时水位回复到30米。

老师:你刚才说了很多,其他同学都听到了。那么这是你的一个求解过程,对吧?他的这个过程都在干嘛呢?

学生:求解方程。

老师:说了半天,解析式还没说出来呢。

学生2:解析式为$y=3x-24$。

老师:对,是减去……

学生:24。

学生2:然后他又问第几天时水位恢复到30米,就是把$y=30$代入这个解析式,求出x等于18。

老师:y等于……

学生2:30。

老师:代入,是不是?

学生2:嗯。

老师:好,最后求出$y=18$。

学生:$x=18$。

老师：嗯，好，真能发现我的问题，请坐。

【专家点评】

教师要尊重、扶持学生。在第一个学生回答的最后结果不正确时，应当让该学生讲下去，这样教师可以帮助他修正不足，让他能完整地陈述清楚，不仅对学生本人建立自信心和学会思维、表达很有益，而且对其他学生整理思想、勇于发言也是有益的。

案例3　居住地的选择和环境保护（地理）

【课堂实录】

老师：我们来到学校已经有一个多月了，对学校有了一定的了解，那么，在上课之前我们来讨论这样一个问题：你觉得学校的生活环境怎么样？有哪些不好的地方？如何改善？现在呢，大家可以讨论一下，和周围的同学讨论一下我们学校的环境哪些是对你学习有利的，哪些是不利的，有哪些好的方面，怎么解决这些问题。

老师：好了，坐好了。刚才同学们讨论了这个问题，那么你们的讨论结果是什么？谁来说一下？

学生1：我觉得我们学校很好，操场大，可以玩。

老师：很好，学校建了这个塑胶操场，方便了大家的体育活动。还有谁来说？

学生2：我觉得＊＊同学说得很好，我想给他补充一下，就是：这个操场非常好，它是由红色和绿色组成的，绿色可以缓解人的疲劳，我们上了45分钟的课挺累的，可以到操场那边蹦跶蹦跶，然后就挺轻松快活的，可以上第二节课。

老师：嗯，好，给我们提供了这么一个健身娱乐的场所。那其他方面呢？

学生3：我觉得学校有一点不是特别好，就是在放学的道上有特别多小商小贩，全都堆在那儿，然后车辆不是很方便，建议学校赶紧弄走。

老师：嗯，学校边的这些小商小贩影响我们学习！还有呢？其他方面呢？

老师：我们学校从2002年以后有了翻天覆地的变化，各硬件建设都很到位。我们学校的条件逐步改善，但是其中存在一些不足，这需要我们师生共同努力，把我们学校建设好。学校是我们生活学习的地方，是我们的家，是我们居住的地方。那么，这一节课我们看第六章居住地的选择和环境保护。

老师：大家看看，我们刚才介绍的几种地区房屋的居住环境：高原和草原的、山地的、平原的及水边的。那么，在这四种居住环境中，你会选择哪种居住环境？为什么？大家思考一下，和周围的同学互相讨论一下。

老师：大家坐好了。谁来说说你会选择哪种居住环境？为什么？

学生4：我会选择水边上的。

老师：为什么？

学生4：因为出门能坐船，还能钓鱼。

第10章 组织技能

老师：出门能坐船，还能钓鱼，就是想坐船。

学生5：我觉得会选择草原。

老师：选择草原？

学生5：因为我觉得草原特别广阔，特别清新。

老师：好，喜欢这种辽阔的环境，喜欢空气清新的感觉。

学生6：如果是我，我会选择平原，因为平原上的交通很方便，而且很多大的城市都在平原，经济会很发达。

老师：她会选择平原，因为交通方便，经济发达。

学生7：如果要是我的话，我肯定会选择山地，因为山地肯定树特别多，一出门就是鸟语花香的，挺美的；还有空气特别清新，给人一种心旷神怡的感觉。

老师：根据我们以上所说的，我们居住在环境之中，同时也属于环境中的一部分。那么，我们来考虑应该怎么来选择我们的居住环境。大家看列出的条件中，哪些是选择居住地时所必须考虑的，为什么？〔PPT演示〕

老师：就是说，你要买房子，或你要建筑房屋，哪些条件是你必须考虑的？大家讨论一下。我们一个一个来分析。第一个条件"当地矿产资源丰富"。这个对于你居住是必须条件么？

学生8：我觉得有这个好，因为有矿产商开采出来可供应居民日常生活用，如果没有，就不方便。

老师：矿产资源可以提高经济水平，那对于居住来说，它是好是坏呢？

学生9：因为当地如果有矿产就会有人去开采，有人开采就会影响居住环境。如果你身边总是车来车往的，就会有很多噪音。

老师：我们可以和实际联系，当地矿产资源丰富对我们居住环境不是好的条件。看第二个条件"房屋的朝阳"。

学生10：我觉得这个是必须考虑的条件。如果你的房屋不朝阳，晒不到太阳，白天也会很黑，采光不好。

老师：好，请坐。那大家考虑这样一个问题：我们现在是在南边的教室，如果把大家换到北边的教室，你们愿意么？

学生：不愿意。

老师：好，我们南边的教室采光好，而北边的教室采光较差，而且北边的教室明显要比这边冷。所以，房屋的朝向好，对我们室内的通风效果和采光都有很大的影响。我们北半球的房屋朝向都基本是朝向南的。这是房屋的朝向。那么，大家将来买房时，如果有两个阳台的那是最好的。第三个条件"充分的水源"呢？＊＊同学，你说说，其他同学，都考虑一下。

学生11：我感觉有充足的水源很好，因为离水比较近，不干旱，有水的地方空气也好。

老师：请坐。水源是我们生活的必需物质，我们每天都需要大量的饮用水。如果把你放到一个没有水的地方，估计你活不了多久。所以，我们选择居住地第一个要考虑水源的问题。

老师：以上这些条件对我们的居住环境有好有坏，那么我们选择居住地必须要考虑哪些条件呢？我们一起来看一下。我们必须要考虑这样几个条件：第一个，地形和水源。我们选择居住地其地形要平坦开阔的地方，就像平原地区；水源呢，要选择那些水源洁净、充足的地方。这是地形和水源条件。第二个，房屋朝向。房屋朝向要卧室朝阳，通风良好，冬暖夏凉，这样人居住起来比较舒服一些。第三个，交通。交通便利对于你的出行比较方便，但是要注意不要选择机场和火车站的附近。第四个，公共设施。我们要选择公共设施比较完备的地方，就像附近有学校、活动区、医院、银行、商店和停车场等这些周围公共设施比较全备的地方。最后一个，环境质量。地方周围的环境好，应该是绿化得比较好，空气清洁环境比较优雅。这些都是比较好的居住环境，要选择这些地方居住。

【专家点评】

教师做到让学生学习生活中的地理。《初中地理课程标准》倡导教给学生学习对生活有用的地理。本节课的教学紧贴学生实际。为了避免空洞的说教，教师从学生身边熟悉的地理事物入手，让学生认识什么是居住地、居住地与环境的关系。通过设计"模拟购房"活动，把地理知识与学生生活联系起来，既培养了学生运用所学知识解决生活实际问题的能力，又使学生学到了生活中的地理。

案例4　魅力古北口（地理）

【课堂实录】

老师：今天就让我们共同认识一下我们身边的古镇。同学们，热爱家乡首先应该认识家乡，了解家乡。接下来老师出些题目考考你们。[PPT展示]

老师：请看第一题：被联合国教科文组织评为世界旅游之最，以惊、险、奇著称于世的是哪段长城？

学生1：是司马台长城。

老师：好，请看答案。对了，是司马台长城。

老师：请看第二题：古北口镇的"一步三眼井，两步三个庙"分别指的是哪些景点？

学生2："一步三眼井"指的是三眼井，"两步三个庙"指的是杨令公庙、财神庙和药王庙。

老师：好，请坐。看正确答案：三眼井，杨令公庙、财神庙和药王庙。请看第三题：中国人民打响长城抗战第一枪的地点在哪？

学生3：在古北口。

老师：在古北口，答对了。请看第四题：古北口镇的杨令公庙建于什么时期？

学生4：北宋时期。

第10章 组织技能

老师：非常好，请坐。看第五题：古北口历史最悠久的长城是哪一段？

学生5：是明长城。

老师：答对了！通过刚才的小竞赛可以看出我们的同学对我们的家乡确实是非常了解。在上星期，老师安排我们同学分组调查了古北口的名胜古迹，今天我们就请个别小组上前面给大家介绍、汇报。先请司马台长城景区调查小组进行汇报，大家欢迎。

学生6：我们小组调查的是司马台长城。下面请大家和我们一起游览一下司马台长城。首先请大家欣赏一下我们同学拍摄的照片。司马台长城位于古北口境内，它距北京120公里，全长5.4公里，有敌楼35座，是我国唯一一段保留明代原貌的古长城。由于其地形复杂，长城随着陡峭的山底奔驰，时宽时窄、时起时落，城台敌楼在很短的一段距离，其形式之多、变化之大，在整个万里长城之中极为罕见。其城墙上古老的文字砖记载着古北人的辛苦，至今还奔流不息的冷泉和温泉，就是由古人的血和泪铸成的。司马台长城凶险奇特，著名的长城专家罗哲文教授曾赞誉道："中国长城是世界长城之最，司马台长城堪称中国长城之最"。下面我为大家介绍一下司马台长城的主要景点。首先我为大家介绍一下望京楼。这幅图片所反映出来的就是望京楼，它位于老虎山的顶峰，海拔986米，是司马台长城的最高点，从远处看就像一把锥子直插于云天，在夜晚的时候站在这座楼上就可以看到北京灿烂的灯火，因此得名望京楼。下面欣赏一下仙女楼。仙女楼长5米，宽4米，它可是敌楼中最渺小的一个，但当地人叫它仙女楼。仙女楼为两眼楼，它高耸挺立，宛如仙女玉立于群山之间。据说这里在一千年前确实曾住过莲花仙女。再欣赏一下天梯。这就是天梯，是仙女楼和望京楼的通道，位于陡峭的险峰危崖之上。一道通天的石梯只能容一人攀登，这里也没有锁链护栏，伴着山风呼啸，你可想象要从此走过需要多强的心理素质！这是天桥，也是仙女楼与望京楼之间的通道。天桥长不过百米，宽只约一砖，两侧断崖绝壁，寒气逼人，能过天桥的人实为登城好汉！最后我们来欣赏一下鸳鸯泉。鸳鸯泉位于长城脚下，东侧是冰冷刺骨的冷泉，西侧是温泉，水温常年在38℃左右。两泉相汇，形成一湖，湖水冷暖各半，湖面冬季热气升腾不结冰，夏季碧波荡漾。青山绿水与长城交相辉映，是游人乘船观览长城的绝妙之处。下面有请我们组的同学为大家带来的长城赞。

老师：感谢司马台长城景区的同学为我们做的精彩汇报。独具惊、险、奇三大特点于一身的司马台长城是我国唯一一段保留明代原貌的古长城。下面我们再欣赏一下古玉道的风光，有请这一组的同学。

学生6：首先请大家欣赏一下这些图片，大家看看对这些图片熟不熟悉。这些图片好不好看？

学生：好看。

学生6：看来大家一定不会过瘾吧，下面就由我带着大家走进古玉道蟠龙山景区。首先我为大家介绍一下：古玉道长城风景区在司马台长城与卧虎山长城之间，距北京100公里，是所有开放的长城中唯一未经人工修缮而保持历史原貌的古长城。景区内除明代长城外还有北京市最古老的北齐长城,建于 1680 年的古龙道,建于 1025 年的杨令公庙,三眼井,以及古北口抗日阵亡将士公墓,等等,大小共三十处自然和人文景观。蟠龙山是古北口最著名的景区之一,风景优美,令中外游客流连忘返。怎么样,大家和我一起游览一下吧?蟠龙山景区有杨令公庙、药王庙、纪念碑和三眼井等几个主要景点。一开始我们就提到蟠龙山,下面就让我们先去蟠龙山看一看。这就是蟠龙山,它是历史上发生战争最多的一段长城。这座楼是将军楼,它隶属蟠龙山的至高点,也是设置指挥机关的地方,鼓楼呈正方形,宽 10.1 米,南北各有四个庄,东西各有三个建方。敌我双方争夺最激烈的就是这座将军楼,国民党 17 军 25 师师长关麟征就是在争夺这座将军楼时负伤的。再来看一下杨令公庙。杨令公庙始建于北宋元祐年间,大约是 1025 年。据史料记载,杨继业死后辽人将他的头颅运送到南京,后来经过古北口运送到辽东上京。由于古北口人敬重他的英勇,为之立庙。经过历代的修缮,杨令公庙逐渐演变成今天这个样子。药王庙在古北口北门坡上,这是庙门。这是药王庙后面的一个庙。这就是古北口抗日阵亡将士公墓。每年的清明节老师都要带我们来这里拜祭这里的英灵。这是保卫战士纪念碑。三眼井,水深 6 米多,井口用一个圆形石盖盖着,石盖上有三个直径大约 8 厘米的大石口,呈三角形排列。传说当年乾隆皇帝出巡途经古北口酷热难耐,发现了这口非常特别的井,称其为三口井。最后来看一下古龙道。古北口是中国著名的避暑胜地。早在清初,古北口就成皇帝去往承德以及去东北祭祖、狩猎、巡视的必经之地。看完这些景点想必大家已经累了,下面就请大家放松一下,欣赏一下满族姑娘的舞蹈,大家欢迎!

老师:感谢同学们的精彩汇报。

老师:同学们,老师有一位同学一直想到我们古北口镇来,因为我们古北口镇的风景确实是太美了。老师至今拿不定带他到哪个区旅游,同学们能不能帮老师出个主意?

学生:能。

老师:好。

学生 7:我建议您的同学到司马台长城。那里风景美,而且它是唯一一段保留明代原貌的古长城,还有那的交通非常便利,如果您的同学想回家,坐上车就可以回家,所以我建议您的同学去司马台长城。

老师:好,真是太精彩了。

学生 8:我建议您带您的同学去蟠龙山,因为那里的景点很多,而且那里的每个景点都有自己的特色。

老师:好,请坐。接下来我请同学们给我帮个忙,把你喜欢的景点编写一段导游词。以小组合作的形式完成,一会儿请各小组来说。开始!

【专家点评】

从本节课可以看出,该教师在教学中真正成为了学生学习的指导者、合作者、促进者。在汇报展示中,该节课主要采用活动法,设计了"古镇小知识竞赛"、"夸夸家乡好风光"、"大家来做小导游"等多种活动,用竞赛、演讲、讨论等多种形式的活动来引导学生积极思考、体验、探究,使学生真正成为课堂的主人,教师的主导作用和学生的主体地位均得到了充分的体现。

虽然家乡的环境是学生从小就熟悉的,但是这不等于学生已认识和理解了家乡的地理环境,这中间还有一个将感知提升为理性认识的过程。因此,本节课设计将教学过程分为预习与探究、活动与展示、讨论与交流三个环节。通过这三个教学环节的实施可达到使学生进一步熟悉家乡的地理环境的目的。

本节课的教学过程,先安排学生分组调查家乡的文物古迹,使学生对家乡的旅游资源有一个整体感知,并使学生掌握地理调查的一般方法。活动与展示环节通过多种形式的汇报展示,培养了学生的交流表达能力,使学生体会到家乡历史悠久、文化遗产众多,为后面的保护家乡文化遗产做铺垫。讨论与交流环节是本节课内容的升华,通过交流、探讨等活动,增强了学生热爱家乡的情感。

案例 5 生物对环境的适应(生物)

【课堂实录】

老师:喜欢不喜欢老师给同学们带来的这几种鱼?

学生:喜欢。

老师:那都送给大家,要不要?

学生:要。

老师:老师还有个问题不放心,养金鱼是个苦差事,那么你们想想,如果我把金鱼送给你们,你们会怎么养。这么漂亮的金鱼,大家想想怎么养好呢。

学生1:要坚持每天给它换水。

老师:每天坚持给它换水。

学生1:要放在适宜的温度下。

老师:要放在适宜的温度下。

学生1:还要每天给它一些食物,让它有吃的充饥。

老师:还有没有?

学生1:每天要把它放到阳光下,照着它。

老师:是放到直射的阳光下还是怎么照呢?

学生1:折射的,把它放在……有玻璃的情况下把它放在玻璃背面,这样让阳光照一下。

老师:就是要经过一段时间的光照,是吧?我们一般要避免直射。请坐。其他同学呢?

学生2:还有经常给它输氧。

老师:哦,输氧,是吧?用什么给它输呢?就是那种氧气泵,是吧?很好!如果我没有氧气泵,怎么办?

学生：换水。

老师：还有没有其他要考虑的？你要把它养好，还需要什么其他条件？

学生3：给他放点水生的植物。

老师：哦，水生的植物，是吧？很好！放点水草什么的，是吧？这是干什么用的呢？

学生3：能给它输氧，还能进行光合作用。

老师：很好！请坐。还有没有其他的？

学生4：不能让它太挤了，要空间大点。

老师：对，空间大点。像我们这个鱼缸里放了7条鱼，有关专家说这不可取。还有没有？同学们总结得非常棒。那么，金鱼生活的环境需要……

学生：水、空气、食物、光、氧气、水草。

老师：这样我们给它创造环境。现在我们看这些活泼、可爱、漂亮的金鱼，大家想想它有哪些结构特点适合在水中生活。

老师：同学们总结得非常好，我再给大家总结一下。第一，它的体形是什么形的？

学生：流线形。

老师：第二，它的体表怎么样？

学生：光滑。

老师：它的身体结构呢？

学生：有适宜水中生活的呼吸、运动等的器官。

老师：这说明鱼类适合水中生活。那么，如果它不具有这些结构，它能不能在水中生活？

学生：不能。

老师：所以生物要在环境中生活必须要怎么样？

学生：适应环境。

老师：我们今天学习生物对环境的适应。现在已经进入炎热的夏天，我们这很热，但是同学们知道还有比我们这还热的地方，那就是沙漠。

老师：沙漠中有没有生物存在呢？

学生5：有：蜥蜴、骆驼、蛇。

学生6：蚂蚁、蜘蛛、仙人掌。

老师：大家讨论一下。好，现在我们回到现场，谁来说说沙漠中骆驼的特点？

学生7：脚掌大，因为沙漠中都是沙子，它脚掌大，能增大与沙子的接触面积；还有驼峰。

学生8：脚掌厚，不容易被烫伤。

学生9：还有它眼睫毛长，不容易被沙子迷眼。

老师：同学们回答得非常好。

第10章 组织技能

【专家点评】

该教师善于调动学生学习的积极性,组织引导学生积极参与教学活动,显示了很好的组织教学能力。学生在课堂上精神状态良好,主动参与教学,几乎每个学生都能积极踊跃发言阐明自己的观点。课堂气氛民主、和谐、热烈。

该教师在知识教学方面,熟练而恰当地运用了举例说明和对比分析的方法,使学生了解生物对环境适应的三种类型,理解生物对环境适应的重要意义和生物对环境的适应的特点(普遍性和相对性)。另外,通过学生的讨论、交流、质疑互动等教学环节,可以训练学生逻辑思维能力和口头语言表达能力。

案例6 辟"龙的传人"(语文)

【课堂实录】

老师:现在咱们找三位同学来朗读一下课文。这篇课文总共有多少段?

学生:13段。

老师:13段,是吧?在同学朗读时,其他同学主要做两件事:第一件事,找出作者的看法,即从文中找出作者的看法;第二件事,考虑作者为什么这么看,找到他的理由和根据。在听的过程中,如果听到了,拿笔把它划出来。大家听清楚了么?

学生:听清楚了。

【专家点评】

教学活动的要求提得非常明确:找出中心论点及其依据。一节课,最重要的教学活动是什么,这要清楚地告诉学生,以形成集中而鲜明的教学指向。

案例7 黄河颂(语文)

【课堂实录】

老师:这个朗诵词在这里有什么作用呢?结合上下文,看看这个朗诵词在这里有什么作用。

学生1:我觉得那个朗诵词交代了作者的写作意图。

老师:什么意图?

学生1:他想赞美黄河。

老师:哦,赞美黄河。

学生1:而且还引出下文。

老师:哦,太好了,像唱出我们的赞歌。由此看来,这个朗诵词在这里相当于什么呀?序曲!它有引出下边赞美这个主体黄河的作用。好了,接下来,既然下边的歌词是赞颂黄河,同学们再迅速朗读下面的诗句,看看作者是不是直接赞颂黄河。请同学们迅速地看下面的诗句。

【专家点评】

"迅速"这个教学指令不妥。为什么强调"迅速"呢？可能还是立足理性分析的积习在控制着教学走向。

第三节　应 用 指 导

3.1　组织技能的技巧

课堂教学的组织过程需充分考虑各方面的情况，积极应对出现的各种问题。教师在组织教学时应掌握以下几个技巧：

（1）准确、清晰传递信息的技巧。

当面对课堂中出现的问题时，教师首先要让学生明确问题出在什么地方，进而才能引导学生不断改进。因此，教师在与学生的交流中应注意以下几个问题：

① 选择恰当的时机。

② 提供的信息应清晰、详尽、准确。

③ 传递信息的语气应平常。

④ 交流时应结合体态语。

（2）处理课堂捣乱行为的技巧。

课堂教学中，面对学生的一些有意或无意的课堂捣乱行为，教师应采取适当的措施及时制止。教师可以采取以下的方式来处理一些行为：

① 眼光接触。

② 触摸和手势。

③ 身体的接近。

④ 教学提问。

⑤ 点名。

（3）处理较严重的不良行为的技巧。

当学生的行为已经严重影响到整个课堂教学时，教师应当直接阻止这种行为。由于这种直接的纠正行为本身就会影响课堂教学，所以使用这种方式要考虑时机的选择。教师可以通过以下行为方式进行纠正：

① 向学生提出恰当的行为要求。

② 进行调查。

③ 帮助学生解决冲突。

3.2 组织技能的注意事项

教师在组织课堂教学时,应注意以下几点:

(1) 钻研教材,讲究技巧。

课堂教学组织中最重要的理念即通过教师丰富的知识和娴熟的技能来吸引学生,使学生自觉进入学习状态,而不是将主要精力用在维持课堂秩序方面。这就要求教师课前要认真钻研教材,深入把握学生心理特点,灵活运用各种教学方式和技巧,对教学内容做出合理的安排。只有充分的准备和合理的安排才能使教师在课堂上充分展现教学艺术和知识的魅力,激发学生强烈的求知欲望,使其进入最佳的学习状态,从而形成良好的课堂氛围。

(2) 把握节奏,掌控情绪。

课堂教学过程是一个动态、变化的过程,在教学过程中,学生的表现也各有不同,各种突发状况也会出乎教师的意料之外。教师在教学中的情绪和心态会直接影响学生的学习效果,因此教师要善于把握整个教学的节奏,控制自己的情绪,保持一个平和的心态。只有把握恰当的教学节奏,保持一个轻松、平和的心态,教师才会更好点地发挥教学水平,学生的思维会因此处于活泼状态,其接收信息的能力也会随之明显增强。无论教师在课堂教学中遇到什么问题,都要冷静地面对和处理,消除课堂中的消极因素,调节学生的不良情绪,营造一个良好的课堂气氛。

(3) 尊重学生,学生主体。

以学生为主体、教师为主导的新理念是师生之间的一种平等关系,是教学的互动行为。因此,新理念下的课堂教学组织要求教师必须以学生为本,尊重学生的主体地位,充分发挥学生学习的积极性。教师在组织教学时应善于调动学生的学习积极性,激发学习兴趣,培养学生自主探究和合作学习的能力。

(4) 机智应对,因势利导。

在课堂教学中,教师应对学生活动的敏感性以及对教学中发生的突发情况做及时、恰当的处理,这是教师必备的一项技能。这项技能要求教师能在突发的特殊情况出现时积极因势利导,将不利于课堂教学的行为和因素转化为积极的行为和因素。教师应根据实际情况,灵活地运用适当的教学方法和手段,有针对性地处理问题,恢复良好的课堂教学秩序。因此,遇事不惊、沉着冷静、机制灵活是一个教师轻松驾驭课堂的重要表现之一,也是教师组织技能娴熟的标志之一。

(5) 重视氛围,强调集体。

在课堂教学中,学生集体的舆论会形成一种无形的影响力和感染力。集体的精神世界和个人的精神世界是相互影响的。个人会在良好的集体教学氛围中不断得到熏陶和感染,不断成长。个人的进步也会给集体注入活力,使集体显示出无限的生机。教师应当在课堂教学的组织中,注重学生集体舆论,培养学生的集体荣誉感,营造良好的课堂氛围。

3.3 组织技能评价量表

我们设计了如下的组织技能评价量表，以便于教师及师范生对组织技能进行评价：

课题						
科目		年级		课型	评价人	
评 价 项 目					评价成绩	参考权重
课堂教学组织与教学目标、内容紧密结合						
课堂活动设计新颖，符合学生的认知水平						
课堂活动描述清晰、详尽						
课堂活动易于激发学生的学习积极性						
综合运用各种技巧引导学生						
课堂活动有利于培养学生的探究意识						
教师能做到因势利导、机智应变						
总　成　绩						

第11章 结束技能

第一节 技能概述

1.1 结束技能的概念

结束技能是教师完成某一阶段的教学任务或活动时,通过归纳总结、实践活动、转化升华等教学活动,对学生所学的知识和技能进行及时的巩固、应用和系统化,使新知识被有效地纳入学生原有的知识结构中的一种教学行为方式。

结束是教学过程中的一个重要环节,不仅广泛应用于一节或一章的教学内容之后,也经常应用于讲授一个新概念、新知识点的结尾之处。结束是对导入的一种呼应和对导入的延续和补充。一节生动活泼的、具有教学艺术魅力的好课犹如一支婉转悠扬的乐曲,"起调"扣人心弦,"主旋律"引人入胜,"终曲"余音绕梁。导入是"起调",结束是"终曲"。完美的教学应该做到首尾照应、善始善终,而不可"其兴也勃,其收也蠃","虎头蛇尾,草草收场"。因此,结束技能与导入技能一样,是衡量教师教学艺术水平的重要标志之一。

1.2 结束技能的作用

所谓结束,从技术上可以定义为:将学生的注意引导到一个特定的任务或者学习步骤完成的过程。结束是一个任务的完成,不是简单地说一句"这个问题(或这节课)就讲到这里"就可以结束的。最佳的方法是在一个问题或一节课的末尾,将问题的论点、要点等简明地交代给学生,使学生掌握问题的实质。结束不仅要使学生被感知的科学事实和所形成的概念在记忆中巩固下来,而且要通过对知识的整理使学生对知识的领会向高一级升华。

结束技能,常常被人们称为结束的艺术,是因为一个巧妙合理的结束方式,能使学生对全课的教学内容获得明晰的印象,开拓学生视野,引起联想和思索,达到画龙点睛、巩固知识、启迪智慧的效果。好的结束方式正像高妙的琴师,一曲虽终却余音绕梁,不绝于耳。正如袁微子先生所说:"成功的结尾教学,不仅能体现教师的技巧,而且学生会主题更明,意味犹存,情趣还生。"课堂教学结束方法设计得好,能发挥以下几个方面的作用:

(1) 形成知识网络,巩固所学知识。

在全节课结束的时候,教师通过强调重要事实、概念和规律,概括相关知识,形成知识网络，使学生对所学的新知识更加清晰、明确、系统。

(2) 总结教学内容，埋下教学伏笔。

在全节课结束时，首先教师可对所学知识内容进行概括总结，使学生对所学的知识有一个完整的印象；其次，教师还可以围绕单元教学目标向学生提出有关问题，为讲授以后的新课题创设教学情境，埋下伏笔，诱发学生继续学习的积极性。

(3) 总结思维过程，促进智能发展。

在全节课结束时，教师运用巧妙的结束方法，既能引导学生总结自己学习本节课内容时的思维过程和解决问题的方法，又能促进学生智能的不断发展。

(4) 领悟内容主题，进行思想教育。

在全节课结束时，教师可通过精要的总结或揭示本质的提问，使学生领悟到所学内容主题的情感基调或知识核心，做到情与理、前因与后果的融合，并激励学生将这些体验和知识转化为指导学生思想行为的准则，达到对学生进行个性陶冶、品德培养或唯物主义教育的目的。

(5) 巩固所学知识，强化学习技能。

在全节课结束时，教师可通过设计一些口头或书面的练习、思考题，实际操作或评价活动等，训练学生的行为技能，从而达到对所学知识的复习、巩固和运用。

1.3 结束技能的原则

(1) 总结性原则。

总结性原则要求教师对讲授的新知识做到及时总结和复习巩固。心理学研究表明，记忆是一个不断巩固的过程，要完成这个过程，需要对所学知识及时归纳、概括总结，使学生获得规律，以加深理解和记忆。

(2) 针对性原则。

针对性原则要求教师在教学结束时的总结紧扣教学目标，抓住教学重点，针对学生实际，使所做的总结有利于学生回忆、检索和运用。

(3) 系统性原则。

系统性原则要求教师在教学结束时概括本节课的知识结构，深化重要事实、概念和规律，使之经过加工而形成系统的、有效的知识网络，帮助学生把零散的、孤立的知识进行归纳，使学生了解概念、规律的来龙去脉。

(4) 实践性原则。

实践性原则要求教师在教学结束时安排恰当的学生实践活动，如练习、问答、对话、小结和实验等，从而实现技能的转化。

(5) 迁移性原则。

迁移性原则要求教师在教学结束时引导学生根据课堂教学的内容，通过联系实际或创设情境，对所学的知识进行迁移教学，培养学生灵活的学习技巧和能力。

第 11 章　结束技能

（6）刺激性原则。

刺激性原则要求教师在教学结束时设计一些比较能引起学生兴趣的教学形式，使学生在生动活泼的教学形式中既加深对知识的理解和运用，又保持积极的学习兴趣。

1.4　应用结束技能的基本过程

在结束一个课题的时候，大致需要经过以下几个阶段：

（1）简单回忆，即对整个教学内容进行简单回顾，整理认识的思路。

（2）提示要点，即指出内容的重点、关键是什么，必要时做进一步的具体说明，进行巩固和强化。

（3）巩固和应用，即把所学知识应用到新的情境中去，解决新的问题；在应用中巩固知识，并进一步激发思维。

（4）拓展延伸。有时为了开拓学生的思维需要把前后知识联系起来，形成系统，把课题内容扩展开来。

1.5　结束技能的类型

1. 总结结束法

总结结束法，是指课堂活动将结束时，在引导学生理解所学知识的基础上，教师运用准确简练的语言，提纲挈领地归纳本节课所学的内容。这种方法能使学生对学习内容的认识更加明确，印象更加深刻，有利于促进学生对所学知识的理解，也有利于培养学生的总结概括能力。

2. 质疑结束法

质疑结束法，是指在课堂教学活动将结束时，让学生结合课文提出自己在学习中还不明白的问题，由学生讨论或教师讲解，从而解决学习中的疑难。这种方法能准确掌握反馈信息，及时查漏补缺，使教学工作不留后遗症，还能培养学生质疑能力和创造思维能力。

3. 延伸结束法

延伸结束法，是指在课堂教学活动将结束时，利用教学的某些契机，把课尾作为联系课内外的纽带，把课堂教学向课外延伸。这种方法能推动第二课堂的开展，开拓学生的视野，丰富学生的知识，激发学生的学习兴趣，甚至会影响到日后学生职业的选择。

4. 悬念结束法

悬念结束法，是指在课堂教学活动将结束时，结合课文内容提出一些富有启发性的问题，但不作答复，制造悬念，让学生根据内容去展开合理的推想。这种方法能激发学生的求知欲，能以此课之尾为彼课之头，使整个教学过程联系起来，新旧知识衔接起来。

5. 复述结束法

复述结束法，是指在课堂教学活动将结束时，要求学生对课文内容通过板书或提纲进行复述。这种方法能加深学生对课文内容的理解,也能提高学生的口头语言表达能力。

6. 鉴赏结束法

鉴赏结束法,是指在课堂教学活动将结束时,组织学生对课文或某些片段进行品味赏析,根据课文中语言的描述去想象。这种方法能加深学生对课文的理解,使学生获得深刻的感受,获得思想情感上的陶冶和艺术鉴赏上的愉悦。

7. 练习结束法

练习结束法,是指在课堂教学活动将结束时,抓住教材中的关键性问题和主要训练任务,精心设计背诵、仿写、思考、造句等练习题,让学生当堂完成。这种方法既能巩固学生所学知识,加强技能的形成,又能加深学生对课文的理解,还能及时给教师提供教学反馈信息。

8. 传道结束法

传道结束法,是指在课堂教学活动将结束时,从课文实际出发,发掘思想教育因素,深化思想教育。这种方法不是进行空洞的说教,而是体现教学的寓道于文、文道结合原则,使学生以文悟道、通情达理。

9. 表演结束法

表演结束法,是指在课堂教学活动将结束时,组织学生朗读,或角色朗读,或将课文内容编成文艺节目的形式进行表演。这种方法既能加深学生对课文内容的理解,也能提高学生的口头语言表达能力,还能激发学生的学习兴趣,培养学生的表演能力。

10. 迁移结束法

迁移结束法,是指课堂教学将结束时,以教材知识为出发点,启发引导学生把学到的知识用于其他方面。这种方法既能使学生把知识学得扎实灵活,又能培养学生的迁移能力,从而形成创造思维能力。

第二节 案例展示

案例1 拒绝不良诱惑(思想品德)

【课堂实录】

老师:对于平时的考试和做作业,你们是怎么看待这个问题的?它的目的是什么呢?

学生1:我觉得就是,平时老师给我们留作业是想让我们看看平时有哪些不会的,如果是自己马虎,老师就会给提醒一下;如果是不会做,老师就会给我们讲。这样老师也看清楚了我们在学习方面哪儿有缺陷。

老师:对,这就是对平时的作业和考试的目的的正确认识。"老师平时就想检查一下我们的真实水平",经过自己这样的暗示,这对于我们来说是有好处的。好,说了很多方法,我们一起来总结一下。[PPT展示拒绝不良诱惑的方法]在这一节课的学习中,我们知道了很多不良诱惑,并且学到了拒绝不良诱惑的方法。总结一下。

学生2:我觉得我学到了不应该吸烟,不应该吸毒,不应该看不健康的信息,还有不要老是玩游戏。

老师:他说的是不去这些场所,不接触这些东西。说一说具体的方法有哪些,怎么办。

学生3:把心思都放在学习上,这些事情就不可能发生了。

老师:也就是使自己的学习生活更加充实。好,请坐。

学生4:培养自己正当的兴趣和爱好。

老师:对,培养自己正当的兴趣和爱好来丰富我们的生活。好,本节课学习的收获是什么?[PPT展示自我评价"通过这一节课的学习,你有哪些收获?"]＊＊同学,你说说,通过这一节课的学习,你有哪些收获。

学生5:在交友上要注意结交对自己有帮助的朋友。

学生5:拒绝不良的诱惑,像拒绝吸烟、赌博、看一些不是我们应该看的东西。

学生6:通过这一节课使我更加认识到不良诱惑对我们的危害。

老师:有哪些危害?

学生6:不良诱惑会造成自我伤害,而且对别人也会有很大的伤害。

老师:好,请坐。我们需要重点掌握不良诱惑对我们的危害,我们应该注意有哪些方法。虽然生活中有很多诱惑,但是我们如果正确加以抵制,生活还是很美好的。我们以后还会遇到很多诱惑,你准备好了吗?给大家提供一些材料,以便大家学会拒绝,学会对不良诱惑说不。[PPT展示文字材料]在平时我们只有养成良好的生活习惯,才能够更好地充实自己的生活。作业:寻找自己目前最难战胜的一个不良诱惑,写明具体改正的措施,并写明有谁来监督你。好,这一节课就上到这儿,下课。

【专家点评】

教师通过引导学生思考本节课的收获,实现教学的升华,促使学生形成正确的情感、态度和价值观,正确面对不良诱惑,走上健康道路。最后总结环节,引导学生展望美好的未来生活。

案例2 斑羚飞渡(语文)

【课堂实录】

[学生自由展开想象,描写心理,老师监督指导,大约6分钟]

老师:好,现在每个小组之间交流一下,每个小组推选一个代表。

[小组讨论时间,大约2分钟]

老师:差不多了,哪个组先来?

[老师用投影呈现出学生的答案]

学生1：看到成功飞渡的小斑羚我心里急了，我希望它们能够相互帮助，好好活下去。想起死去的老斑羚，你们是我们的英雄，大家不会忘记你们。现在，狩猎队正在后面，小斑羚也获救了，我已经完成了使命，我宁可死在这伤心崖下，也不愿被可恶的人类捉去。老斑羚们，等等，我来了。

老师：听的时候要注意，首先看看从内容上，有没有写出斑羚的心理；其次，在心理表达上是否具体，在语言表达上是否符合标准。谁给评一下？

学生2：我觉得心理描写很恰当，宁愿死也不愿被狩猎队捉住，写出了那种心理。

老师：嗯，第二组的。我们同学评的时候注意看，一个是心理描写是否到位，再一个是语言表达是否生动、形象。

学生3：我死而无憾了，因为我做到了，我让种族延续下去了。年轻的斑羚们，你们一定要好好地生存下去，而坠入深渊的老斑羚们，你们是伟大的，你们牺牲自己来挽救年轻斑羚。但那些狩猎队员真是可恶，我们动物到底哪一点对不住你们，为什么要把我们逼上死亡之路？你们拆散我们一个完整的整体，让我们失去亲人。人实在是太狠毒了。

老师：谁来评一下？

学生4：我觉得这一组写的心理很完整，也很生动。

老师：嗯，下一组的。

学生5：年轻的斑羚们，你们是那些死去斑羚的希望！我很高兴，我成功地指挥了这次飞渡，但我又很悲伤，牺牲了老斑羚。我痛恨那些猎人，如果不是他们，我们也不用飞渡，不会失去老斑羚。我绝不让他们捉到我。老斑羚，我来了！

老师：下一组的。

学生6：我希望飞渡过去的小斑羚，你们要幸福地活下去。我会为此感到自豪，但我也会为我失去生存的希望感到悲伤，也为那些牺牲的老斑羚们心痛。我也希望生存下来的小斑羚能从这些牺牲精神中受到鼓舞，遇到事情要冷静地对待。

老师：好，我们同学写得非常好，比老师讲的还多。最后镰刀头羊从容地走向死亡，文中结尾说"迈着坚定的步伐，走向死亡"。伟大的悲剧。无论忍受怎样的痛苦，始终都没有哀叹过一声，死得从容，死得悲壮。我们会想起狼牙山五壮士，当他们子弹用光了之后，面对蜂拥而上的敌人，他们选择砸碎武器跳下悬崖，宁死不屈；我们会想到好多革命先烈，面对死亡，从容不惧、慷慨就义。当然这些人都是英雄，赢得了世人的敬仰，而斑羚虽然是动物，却也赢得了我们的敬仰。就生命本质而言，人和动物是平等的，我们应该为斑羚唱一曲生命的赞歌。现在我们明白了，作者在文中不单单写斑羚，更是告诉我们……

学生：对待动物。

老师：是对待生命的态度，应该善待生命、尊重生命、珍重生命。这个故事强烈地震撼了我们，我们有很多的话要说，让我们的心灵久久不能平静。我们从斑羚身上学到了好多好多，比如说尊严、智慧、对生的渴望，再比如说牺牲精神、团结精神等等。我们懂得了任何生命都有生存的权力,我们在尊重自己的生命的同时,也要尊重其他生命。所有动物都有它们的尊严。如果我们能够得到动物的理解和喜爱,将是我们人类的荣幸。

【专家点评】

"满堂灌"和"满堂问"以及为完成教学环节,不顾学生学习实际、生拉硬拖的现象,都没有出现。教师安排了整体感知熟悉故事、走近斑羚感受形象、以写促读揭示内心等教学环节,由浅入深,环环相扣,水到渠成地总结升华"珍爱生命"的主题。

第三节 应用指导

3.1 结束技能的注意事项

在课堂结束运用结束技能时,应注意以下事项:

(1) 结束时要及时对所学知识进行回忆,并使之条理化。
(2) 归纳总结要紧扣教学目标,提示知识结构和重点。
(3) 对重要的事实、概念、规律等,结束时要进行总结深化和提高。
(4) 结束时要提出问题或采取其他形式检查学生的学习情况。
(5) 归纳总结要简明扼要。
(6) 结束时有些内容要拓展延伸,进一步启发学生的思维。
(7) 结束可采取多种形式,既巩固知识又余味无穷。

3.2 结束技能评价量表

我们设计了如下的结束技能评价量表,以便于教师及师范生对结束技能进行评价:

课题						
科目		年级		课型		评价人
评价项目					评价成绩	参考权重
结束的目的明确						
结束的方式与内容相适应						
使学生感到有新的收获						
强化了学生对课程的兴趣						
使学生的知识系统化						
检查学习,强化学习						
形式多样,有启发性						
总 成 绩						

第12章 CRS网络平台专题研修讨论案例

案例1 讨论如何培养学生的统计观念

由 指导教师 发表于 05月19日 星期三 08:15
　　讨论一：教师们都注重让学生经历统计的过程，但总觉得课堂上太热闹了。你对培养学生的统计观念有什么好的策略吗？

回复：讨论一
由 zz 刘老师 发表于 05月27日 星期四 10:39
课堂热闹，不一定是坏事，说明孩子学习积极性高。做到以学生为主很好。

回复：讨论一
由 gly 海老师 发表于 05月27日 星期四 11:17
　　在教学过程中，要关注学生的个性差异，鼓励他们想自己所想的，问自己所问的，说自己想说的，同时要引导学生会想、会问、会说。要学会肯定别人做得好的地方，帮助别人弥补不足之处。对别人做法不理解的不要指责，而是学会提问。形成一种老师、学生平等地在一起研究问题的氛围。教师不但要尊重和肯定学生个性化的思维方式与结果，还要抓好时机，激励学生发挥自己的优势与长处，促进他们个性素质的不断优化。整节课学生不是静静地听教师教，而是热闹地"动"起来，这是我呼唤学生"积极参与"与"合作交流"的成功之处。同学们在我创设的民主、平等的气氛下思维开始活跃了，头脑灵活了，参与意识增强了，合作交流的效果渐佳了。

回复：讨论一
由 gly 赵老师 发表于 05月27日 星期四 15:31
让学生经历统计的过程是十分必要的，课堂"闹"要有"闹"的成果，不能乱而无序。

第12章 CRS 网络平台专题研修讨论案例

回复：讨论一

由 gly 马老师 发表于 05 月 27 日 星期四 17:25

应注重借助日常生活中的例子，让学生经历简单的数据统计过程。这节课始终以统计的全过程为主线，使学生在具体的操作活动中体验数据的收集、整理、描述和分析的整个过程，掌握基本的统计知识，学会一些基本的统计方法，体会统计的意义和价值，让学生初步认识条形统计图和简单的统计表，培养学生的统计意识。

回复：讨论一

由 hsy 张老师 发表于 05 月 28 日 星期五 10:21

课堂上的气氛活跃，说明学生都在跟着老师思考，所以学生的思维有可能活跃一些。教师在这个时间，应该抓住有利时机，发挥学生在课堂上的主体作用，展开学生的思维。

回复：讨论一

由 dfx 马老师 发表于 05 月 28 日 星期五 10:33

教学中应注重设计贴近学生生活的情境，使他们经历收集数据、整理数据和分析数据的过程，逐步形成统计意识。在数据处理完毕以后，鼓励学生进行反思，讨论刚刚处理完的数据能帮助人们解决什么问题。收集和积累统计应用的案例使学生体会统计的好处。课内外结合起来，适当地设计一些实践活动，体现"提出问题—收集数据—整理数据—分析数据—判断和预测"的过程，使学生在活动中体会到统计的应用。

回复：讨论一

由 sx 庞老师 发表于 05 月 28 日 星期五 17:52

丰富统计素材，激发统计兴趣。由于新教材从一年级就开始有统计知识，教学时应注意创设问题情境，向学生呈现现实的、富有童趣的统计素材，如统计同学们的身高、体重、生日、爱吃的水果、喜欢的体育运动、电视节目，统计商店里电视机的销售情况、一定时间通过路口的车辆情况等，以此激发学生对统计的兴趣，让学生主动开展统计活动。

回复：讨论一

由 cd 赵老师 发表于 05 月 31 日 星期一 11:30

新课程标准的实施，不仅让我们明确了学习统计的重要性和必要性，更能发展学生的统计观念，这是我们开展统计教学的出发点和最终归宿。我认为在开展统计教学时可以从以下几个方面进行努力：

统计实际上是人们对客观事物的定量刻画和把握，其结果通常都是真实可靠的数据，这些数据一般都能客观地反映事物的真实面貌和发展趋势。所以,在学生学习统计知识的过程中,要注意统计内容的真实性,让学生切实感受数据的客观性和用数据来说明问题的公正性。

在进行统计教学时,要重视学生对数据的收集、整理、描述和分析的过程体验,这是统计学习的首要目标。所以在统计教学中,我们必须让每位学生经历统计的每一个环节,坚持统计过程的完整性。

统计是一项比较烦琐的工作,不仅需要我们有正确的统计方法,同时也要有坚持统计结果正确性的科学态度。所以在平时的统计教学时,要培养学生认真的学习态度和做事方式,在统计学习的过程中养成良好的学习习惯,形成科学的统计意识,坚持统计结果的科学性。

> 回复:讨论一
> 由 hnc 白老师 发表于 08 月 29 日 星期日 15:16
> 现实生活中有一些问题需要通过数据的收集、整理、分析和用数据的描述来解决。让学生面对一些实际问题,感悟到要解决这些问题,就应该进行"统计"。例如,学生要解决正方形、三角形和圆形各有多少的问题时,想到要用分类收集和整理数据的方法去解决。

案例 2 讨论如何培养学生的发散性思维

由 指导教师 发表于 05 月 19 日 星期三 08:14
讨论二:在探索规律的教学中,如何培养学生的发散性思维?

> 回复:讨论二
> 由 lwt 韩老师 发表于 05 月 24 日 星期一 14:05
> 我觉得发散性思维就是同一道题有不同解答的思维过程,如设计这样的题就是在培养学生的发散性思维:
> 在括号里填上适当的数:(　　)(　　)10(　　)(　　)。
> 对于这道题,学生可以根据自己的思维方式填上不同的答案。可以是 6,8,10,12,14;也可以是 8,9,10,11,12;还可以是 4,7,10,13,16;等等。

> 回复:讨论二
> 由 hsy 张老师 发表于 05 月 26 日 星期三 14:08
> 培养学生的发散性思维,让学生熟悉数字之间的多种规律;对于多几少几的数字规律,让学生熟悉。找一些简单的数字,先找到它们之间的规律,然后再填写。比如:19(　　)

17（　　）16（　　）14（　　）13。通过这样的练习,训练学生的思维。

　　回复:讨论二
　　由 zz 刘老师 发表于 05 月 27 日 星期四 10:15
　　在探索规律的教学中,规律多种多样,只有让孩子认真去发现相邻数字、图形之间的规律后教师再讲解,对学生才会起到推波助澜的作用。

　　回复:讨论二
　　由 gly 海老师 发表于 05 月 27 日 星期四 10:43
　　在探索规律中,我主要采用观察、动手摆、引导学生归纳解决这类问题的方法,重点是确定"组",即每组几个,以便为后边的计算做准备,可以按照"看、圈、算、定"的环节进行指导。例如,在动手摆学具的环节,学生摆完之后,我引导学生找规律;学生发现图形的排列规律（比如:红、蓝、蓝）之后,我要求学生用自己的手圈一圈,确定"组"。边圈边数一数每组几个,圈一次数一次。在这一小环节中,学生在口、手、脑的共同参与的同时,感受每份有几个,体会分的过程,为后边的教学打好基础,进行有益的渗透。在这样的过程中充分发挥学生的发散思维。

　　回复:讨论二
　　由 gly 赵老师 发表于 05 月 27 日 星期四 14:44
　　在探索规律的教学中,要不唯书、不唯上、不迷信老师、不轻信他人,应倡导让学生提出与教材、与老师不同的见解,鼓励学生敢于和同学、老师争辩。老师在教学中要多表扬、少批评,让学生建立自信,承认自我,同时鼓励学生求新。训练学生沿着新方向、新途径去思考新问题,弃旧图新、超越已知,寻求首创性的思维。

　　回复:讨论二
　　由 gly 马老师 发表于 05 月 27 日 星期四 17:13
　　新课程标准倡导自主合作的学习方式。在课堂上,我把学习主动权交给学生,而我充当一个参与者和组织者,让学生通过讨论、猜测、动手摆一摆、涂色等活动自己发现图形的排列规律。
　　在教学最后,我把知识进行了拓展,让学生找一找生活中的一些规律。学生都纷纷举出生活中有规律的事物。通过举例让学生体会生活中规律无处不在,因为有了规律,我们的生活才会丰富多彩。只要同学们善于观察,会发现生活中到处有数学。

　　回复:讨论二
　　由 dfx 马老师 发表于 05 月 28 日 星期五 16:40

教学过程中要给学生充分的时间和空间,注重学生的动手实践活动,给学生提供充足的"做数学"的时间和空间。动手实践的本质就是学生再创造的过程,在这一过程中,要求学生不仅要通过自主学习学到相关知识,掌握一些方法和技巧,而且重要的是要学生在动手实践的过程中获得一种深刻的体验,学会用数学的方法解决问题的策略。

回复:讨论二
由 cd 赵老师 发表于 05 月 31 日 星期一 11:18
发散思维活动的展开,其重要的一点是要能改变已习惯了的思维定向,而从多方位、多角度去思考问题,以求得问题的解决。从认知心理学的角度来看,中小学生在进行抽象的思维活动过程中,由于年龄的特征,往往表现出难以摆脱已有的思维方向,也就是说学生个体(乃至群体)的思维定势往往影响了对新问题的解决,以至于产生错觉。所以要培养与发展中小学生的抽象思维能力,必须十分注意培养思维求异性,并加以引申和推进,使学生在训练中逐渐形成具有多方位、多角度的思维方法与能力。例如,对于( )( ) 10 ( )( ),学生就可以填出不同的答案。这样通过学生的思考填出不同的答案的过程,就能够培养了学生的发散思维。

回复:讨论二
由 bq 张老师 发表于 06 月 13 日 星期日 12:20
在数学教学中,重视培养学生仔细观察、勤于动脑的习惯。探索规律,无论是图形变化规律还是数字排列规律,都需要引导学生仔细观察,让学生在观察的基础上自己发现规律,从而获得一种深刻体验,提高思维能力。

案例 3　讨论图形的认识变化为"从立体到平面再到立体"的原因

由 指导教师 发表于 05 月 19 日 星期三 08:13
讨论三:原来图形的认识是"从平面到立体",现在是"从立体到平面再到立体",这样变化的原因是什么?

回复:讨论三
由 sx 王老师 发表于 05 月 26 日 星期三 16:46
"空间与图形"知识的编排充分考虑了小学生空间观念形成的认识规律。比如,按几何中点、线、面、体系统,应先学平面图形,再学立体图形。但是,人们认识事物一般是从粗略的整体感知开始,然后对物体进行细致观察和局部研究;客观世界最常见的是各种形状的物

第12章 CRS网络平台专题研修讨论案例

体,"面"是附着于"体"上的。学生首先看到的是一个个物体,在整体感知"体"的基础上,才能逐渐研究"面",建立"形"的概念。所以,先认识"体",后认识"形"能降低认知难度,有利于学生学习。

回复:讨论三

由 zz 刘老师 发表于 05 月 27 日 星期四 10:08

自我认为,由"体"到"形"的学习,是由孩子的认知规律决定的。平时孩子知道很多立体实物,很熟悉,再由立体图形上的"面"认识各种"形",就是水到渠成了。

回复:讨论三

由 cd 李老师 发表于 05 月 28 日 星期五 21:23

在学生大量生动的实践活动和感受体验的基础上,引导学生进行必要的抽象和概括,这样既有丰富的过程,又有基本的抽象。过程与结果之间相互作用,使学生的理解既稳定又开放,既抽象又具体,由此所形成的认知结构也更有张力。

回复:讨论三

由 gly 海老师 发表于 05 月 27 日 星期四 10:29

我个人认为,这是符合学生的认知规律的。由物体到抽象的图形这需要一个过程,而这个过程是语言不能形容的,只有感知形状再抽象图形,学生的认知才得以深化。

回复:讨论三

由 gly 赵老师 发表于 05 月 27 日 星期四 14:59

原来图形的认识是"从平面到立体",现在是"从立体到平面再到立体"。我认为,这样编排的原因是针对低年级学生的思维是以具体形象思维为主的特点安排的。由直观、具体的事物抽象出立体图形,再由立体图形抽象出平面图形,更为符合认知规律,学生更易接受知识。

回复:讨论三

由 cd 李老师 发表于 05 月 28 日 星期五 21:20

空间中既有逻辑推理,更有直观推理和似真推理;解决实际问题、设计现实作品能使学生领悟到空间中的各种关系。很好。

回复:讨论三

由 dfx 马老师 发表于 05 月 27 日 星期四 16:02

案例3 讨论图形的认识变化为"从立体到平面再到立体"的原因

这部分知识在教材安排上从立体到平面再到立体,遵循的是孩子的认知规律。生活中孩子见到的都是一些或大或小的物体,这是孩子的第一感知。从孩子能拿起第一个物体开始,他接触到的就是物体的棱、角、面,所以说这个时候孩子认识的立体图形还处于直观的认识、身体感官的认识。从立体抽象到一个"形"时,这是空间到平面的转换,是二维和三维的转换,对于学生来讲,尤其是对于一年级的学生来讲,这具有挑战性。当学生在几年的学习当中,对于平面图形的特点、特征有了一定的了解和认识以后,再回到立体图形的学习,这时候绝不等同于低年级时对于立体图形的认识。再次认识立体图形是再一次平面和空间的转换,再一次二维和三维的转换。这时的转换就要把看到的"图"还原成一个"体",把看到的体"肢解"成几个平面图,并要找到"图"与"体"之间的联系。由立体到平面再到立体,前后两个"立体"内涵不同、程度不同、学习方式不同。

回复:讨论三

由 gly 马老师 发表于 05 月 27 日 星期四 17:03

"从立体到平面再到立体"这样安排符合低年级学生的认知规律,使学生在学习过程中能够从立体的图形抽象到平面图形,更有利于学生辨别立体图形与平面图形的区别,从而抓住各自的特点,顺利掌握所学的知识。

回复:讨论三

由 hsy 张老师 发表于 05 月 28 日 星期五 10:17

从平面图形到立体图形,平面图形是个面,立体图形是由面组成的。学生从立体图形到平面图形的认识,符合学生的认知特点,符合低年级学生的认知规律。生活中接触最多的是立体图形,从立体图形上抽出平面图形,然后认识特点,学生易于接受。

回复:讨论三

由 sx 庞老师 发表于 05 月 28 日 星期五 17:47

我认为,在生活中我们无论是从事什么活动,都会经常遇到各种基本图形(如三角形、四边形、多边形、圆等等)。我们对这些图形的认识都是从现实生活中的物体得来的,而且从现实的生活空间中抽象出的几何图形大多数都是一些立体图形,比如孩子很小就玩的搭积木、拼拼图等。学生对立体图形已经有了较直观的认识,现在要做的就是把现实生活中认识到的立体图形与学习联系起来。所以把立体图形的认识放在平面图形之前,这是符合儿童的认知规律的。

回复:讨论三

由 cd 赵老师 发表于 05 月 31 日 星期一 11:26

第 12 章 CRS 网络平台专题研修讨论案例

我认为这样的变化是符合学生的认知规律的。因为学生在生活中接触的大多数是立体的物体,如冰箱,电视等,而平面的图形则是有立体图形抽象出来的,所以教材这样安排还是合理的。

回复:讨论三

由 lwt 韩老师 发表于 05 月 31 日 星期一 14:22

空间观念是从现实生活中积累的丰富几何知识体验出发,从经验活动的过程中逐步建立起来的,发展学生空间观念的基本途径应当多种多样。无论何种途径,都是以学生的经验为基础的。这些可能的途径包括:生活经验的回忆、实物观察、动手操作、想象、描述和表示、联想、模拟、分析和推理等。通过这些途径,学生感知和体验空间与图形的现实意义,初步体验二维与三维空间的相互转换关系,逐步发展空间观念。

回复:讨论三

由 bq 张老师 发表于 06 月 13 日 星期日 12:00

人们认识事物往往是由整体到部分,由具体到抽象。孩子在现实生活中接触到的是各式各样的形体。学习"图形的认识"让孩子从"立体到平面再到立体",这样符合孩子的认知规律,使学生更易接受知识。

案例 4 讨论"可能性"教学中如何设计实验活动体会"必然性"

由 指导教师 发表于 05 月 19 日 星期三 08:16

讨论四:在"可能性"教学中,为了让学生体会"必然性",教材安排这样的实验活动:盒子里有 2 个白球,如果摸出 1 个球,一定是白色的吗?你认为这个活动是否有必要?如果做这个实验,你如何设计这个活动?

回复:讨论四

由 zz 刘老师 发表于 05 月 27 日 星期四 10:36

很有必要性。如果是我,我一定让所有学生亲自试一试。

回复:讨论四

由 cd 李老师 发表于 05 月 28 日 星期五 21:57

对于这个过程本身,学生通过思考是可以感知这个知识点的,但是怎样得到必然性这个结果是需要在实验中理解并体现的一个过程,因此设计这个活动还是有必要的。活动的过程中要体现学生是怎样揭示这个结果和解释这个结果的。

> 回复：讨论四
> 由 gly 海老师 发表于 05 月 27 日 星期四 11:27
> 有必要做这个实验。我觉得直接出示结果意义不是很深刻。我个人认为可以循序渐进地来展示这个过程，从白球由少到多到都是白球的展示实验中感受必然性的产生，这样理解必然性可能效果会更好一些。

> 回复：讨论四
> 由 cd 李老师 发表于 05 月 28 日 星期五 21:56
> 在活动中，学生才能真正地理解可能性的多少问题。如果没有这样的活动，学生年龄又小，他们的生活经验少，不可能猜测出结果。只有直观、感性的经验才更能说明问题，更能被他们接受。在活动中，记录学生摸球的结果，还可以让他们清楚地看到，出现两种球的可能性是不同的，从而得到数量多的事物出现的可能性更大的结论。

> 回复：讨论四
> 由 hsy 张老师 发表于 05 月 28 日 星期五 10:23
> 让学生亲自动手试一试，发挥学生的动手操作能力。

> 回复：讨论四
> 由 gly 马老师 发表于 05 月 28 日 星期五 10:50
> 我觉得这个活动有必要，可让学生在活动中获得直观的感受。学生全员参与，让学生亲历知识探索的过程，真正让每一位学生在活动中获得直观的感受，从而真正理解事件发生的可能性。

> 回复：讨论四
> 由 dfx 马老师 发表于 05 月 28 日 星期五 17:13
> 活动是有必要的，但活动设计要有循序渐进的过程，可以出示两种颜色的球，白球由少到多逐渐增加。通过几次实验，体会"可能"到"一定"的过程。

> 回复：讨论四
> 由 cd 赵老师 发表于 05 月 30 日 星期日 21:43
> 我认为这个环节是十分必要的，因为学生的年龄较小，学习知识必须有一个感知过程，如果只是直接说或是让学生猜，那一年级的学生是有一定的难度的，毕竟他们的思维水平还

没有发展到那样的水平。如果让学生摸一摸球,学生即有了学习的兴趣,同时也感受到了摸球这个问题中出现白球的可能性的大小。

回复:讨论四

由 md 彭老师 发表于 06 月 1 日 星期二 12:19

我认为一定要让学生动手实验。我先在盒子里放了 3 个白球,让学生猜一猜任意摸出 1 个球是什么颜色的。多数学生认为是白色,个别学生说是别的颜色。然后我让学生每人都动手摸一次进行验证,我追问为什么都是白色的,从而得出结论"盒子里都是白球,摸出 1 个一定是白色"。

参 考 文 献

[1] 孟宪恺.微格教学基本教程.北京:北京师范大学出版社,1992.
[2] 郭友,等.教师教学技能.北京:首都师范大学出版社,1993.
[3] 徐林祥,等.中学语文课堂教学技能训练.长春:东北师范大学出版社,1999.
[4] 李克东,等.教师职业技能训练教程.北京:北京师范大学出版社,1996.
[5] 徐学莹.教育学新编.桂林:广西师范大学出版社,2005.
[6] 胡淑珍,胡清薇.教学技能观的辨析与思考.课程・教材・教法,2002,(2).
[7] 陈江波,王金岩.课堂教学技能及其获得的心理条件和过程.当代教育论坛,2005,(20).
[8] 马永富.教学技能分解的理论依据.机械工业高教研究,1999,68(4).
[9] 王欣,郭辉.微格教学中课堂教学技能形成的心理机制.电化教育研究,2000,(2).
[10] 张雳.论师范生的职业技能及其培养.成都教育学院学报,2006,20(8).
[11] 肖海雁,韦义平.师范生教学技能训练探新.教育理论与实践,2005,25(5).
[12] 徐林祥,等.中学语文课堂教学技能训练.长春:东北师范大学出版社,1999.